学生运动能力国家标准
解读丛书

《网球课程学生运动能力测评规范》
解 读

于素梅 李 强 张 浩 等 编著

教育科学出版社
·北京·

主　　编　于素梅　李　强　张　浩
副 主 编　王银银　李冰琼　张田奇　司亚莉
参　　编　万黔川　程　然　赵　慧　赵化纯　王广茂　李龄松　边　旺　杜　秋
　　　　　黄莫凡　黄　辉

出 版 人　郑豪杰
项目统筹　梁祎明
责任编辑　张　妍
版式设计　思瑞博　王　辉　李　顺
责任校对　贾静芳
责任印制　叶小峰

图书在版编目（CIP）数据

《网球课程学生运动能力测评规范》解读 / 于素梅
等编著 . -- 北京：教育科学出版社，2025.1. --（学
生运动能力国家标准解读丛书）. -- ISBN 978-7-5191
-4329-9

　Ⅰ . G845-65

　中国国家版本馆 CIP 数据核字第 2025SU1913 号

《网球课程学生运动能力测评规范》解读
《 WANGQIU KECHENG XUESHENG YUNDONG NENGLI CEPING GUIFAN 》JIEDU

出 版 发 行	教育科学出版社				
社　　　址	北京 · 朝阳区安慧北里安园甲9号		邮　　编	100101	
总编室电话	010-64981290		编辑部电话	010-64989356	
出版部电话	010-64989487		市场部电话	010-64989035	
传　　　真	010-64891796		网　　址	http://www.esph.com.cn	
经　　　销	各地新华书店				
制　　　作	北京思瑞博企业策划有限公司				
印　　　刷	北京市大天乐投资管理有限公司				
开　　　本	787毫米×1092毫米　1/16		版　　次	2025年4月第1版	
印　　　张	5.75		印　　次	2025年4月第1次印刷	
字　　　数	71千		定　　价	46.00元	

前　言

随着教育强国、体育强国建设的不断推进，体育课程改革日益深化，体育育人目标也聚焦在以运动能力、健康行为和体育品德为表现的核心素养的培育上。建立标准，不仅能够及时测评学生运动能力，了解学生运动能力水平，衡量体育核心素养培育成效，也是落实中共中央办公厅、国务院办公厅《关于全面加强和改进新时代学校体育工作的意见》，国家体育总局、教育部《关于深化体教融合 促进青少年健康发展的意见》等的重要保障，并能为体育学业质量评价、体育教育质量监测、学生运动水平认证等提供直接依据。

为更好地贯彻落实《义务教育体育与健康课程标准（2022 年版）》和国家相关政策要求，依据新课标提出的"运动能力主要体现在基本运动技能、体能、专项运动技能的掌握与运用"和《〈体育与健康〉教学改革指导纲要（试行）》提出的"专项运动能力评价可依据专项运动技能学习结构化内容确定评价内容，特别要注重对学生运用知识的能力以及比赛能力的评价"，研制了《网球课程学生运动能力测评规范》国家标准（以下简称"网球标准"），以期为更规范、科学、系统地评价学生网球运动能力提供可靠依据和可操作的方法，为促进学生体育核心素养的培育发挥支撑作用。

"网球标准"于 2024 年 5 月 28 日，由国家市场监督管理总局、国家标准化管理委员会批准发布。为进一步促进该标准的推广和应用，更好地服务于体育教学改革、体育教育质量监测等教育教学与评价工作，标准研制团队又编写了《〈网球课程学生运动能力测评规范〉解读》。本书深度解析标准研制依据，精准把握标准测评内容，生动展示标准测评方法，提供权威标准测评工具，可作为"网球标准"培训权威指导用书。

于素梅

中国教育科学研究院体育美育教育研究所

目录

第一章

《网球课程学生运动能力测评规范》概述

一、基本内容

（一）结构与主要内容

"网球标准"从范围、规范性引用文件、术语和定义、等级划分与达标要求以及运动能力测评 5 个部分进行了描述。（表 1-1）

表 1-1 《网球课程学生运动能力测评规范》结构与主要内容

基本框架	规定内容	具体内容
范围	规定本规范的适用范围	适用于对小学、初中、高中、大学各学段学生网球运动能力的测评
规范性引用文件	标注本文件引用的规范性引用文件	GB/T 22517.7 体育场地使用要求及检验方法第七部分：网球场地；GB/T 22754 网球
术语和定义	界定规范主要涉及的术语和定义（全文出现 2 次及以上）	6 条核心术语及其基本概念，包括网球课程学生运动能力、发球、正手、反手、截击、高压球
等级划分与达标要求	明确测评等级划分和各等级达标要求	1. 等级划分：6 个等级（一级到六级） 2. 各等级达标要求：测评内容、观测点、合格要求、达标要求
运动能力测评	规定各等级测评方法	各等级测评场地器材、测评员工作、测试步骤

（二）术语和定义

3 术语和定义

下列术语和定义适用于本文件。

3.1

网球课程学生运动能力   student's athletic ability of tennis course

学生在网球课程学练赛活动中形成的，应用发球、正反手击球、截击、高压球等技能完成特定任务的综合表现。

3.2

发球   serve

在底线后将未落地球击打至对方场地发球区的技术动作。

3.3

正手   forehand

持拍击打惯用手侧来球的技术动作。

3.4

反手   backhand

持拍击打非惯用手侧来球的技术动作。

3.5

截击   volley

于前场在网球落地前进行凌空拦击的技术动作。

3.6

高压球   overhead smash

在头上用扣压方式完成击球的技术动作。

注：分为落地高压和凌空高压。

解 读

　　"网球标准"中录入了网球运动的核心技术，共计 6 条术语，即网球课程学生运动能力、发球、正手、反手、截击、高压球。标准基于网球运动技能学练规律、比赛的战术需求，将以上术语分列在不同等级的不同环节。发球、正手、反手是网球运动最核心、最基本的三项技术，完成一场比赛这三项技术缺一不可，所以这三项技术贯穿一级至六级；截击是前后场战术组合不可或缺的一项技术，根据学生的学练规律、移动能力等，三级至六级的组合技能中设置截击技术；基于学生的学练规律、移动能力、战术时机的把握，在六级的组合技能中设置高压球，以丰富战术组合。

（三）等级划分与测评内容

1 等级划分特点

　　"网球标准"按照一级到六级能力进阶的考查要求，设计各等级对应的测评内容。标准等级的总体设计是以网球基本技术、战术为主要内容，根据网球运动技能的形成规律及国际通行的教学用具、教学理念，设计了使用四种不同气压的网球、三种不同尺寸的网球场地、不同控球难度的六个评测等级。六个等级的划分，使参与者能够从近到远、从慢球到快球、从大目标区到小目标区循序渐进地提升网球专项运动能力。"网球标准"六个等级的设计与呈现方式符合网球运动的科学性、系统性、衔接性、适宜性等基本原则。

② 等级划分设定

"网球标准"的各等级之间有进阶性。标准要求学生先完成一个等级的学习并经考核合格后，才可以进入下一个等级的学习，呈现出富有逻辑性、衔接性的专项运动技能学习路径。一级测评受测者使用红色球，在小型红球场地测试下手发球、底线正反手左右移动击球、底线正反手左右移动击球组合、一级10分制比赛5项内容，考查基本技术、步法、比赛知识和能力；二级测评受测者使用橙色球，在橙球场地测试上手发球、底线正反手前后移动击球、底线正反手6个方向移动击球、二级10分制比赛5项内容，考查基本技术的熟练应用；三级测评受测者使用绿色球，在标准网球场地测试平击发球、底线正反手击球线路控制、全场组合球（三级）、三级10分制比赛5项内容，考查核心技术的熟练应用；四级测评受测者使用标准网球，在标准网球场地测试发侧旋球、底线正反手击球线路控制、全场组合球（四级）、四级10分制比赛5项内容，考查受测者是否基本掌握网球运动；五级测评受测者使用标准网球，在标准网球场测试发上旋球、底线正反手击球线路与速度控制、全场组合球深度控制、五级10分制比赛5项内容，考查受测者核心技术、基本战术的熟练应用；六级测评受测者使用标准网球，在标准网球场地测试发球角度与旋转控制、底线正反手击球精准度与速度控制、全场击球组合深度与线路控制、六级10分制比赛5项内容，考查核心技术的发展性运用。

③ 测评内容与能力要求

"网球标准"规定了网球课程学生运动能力各等级的测评内容与能力要求（表

1-2）。各等级的运动技术测试和比赛应遵循国际网球联合会、中国网球协会审定的《网球竞赛规则（2023）》。

表1-2　网球课程学生运动能力测评内容与能力要求

等级	测评内容			能力要求
	单个技能	组合技能	比赛	
一级	1.底线正手左右移动击球 2.底线反手左右移动击球 3.下手发球	底线正反手左右移动击球	一级10分制比赛	受测者达到一级应具有使用正、反手底线击球技术在左右移动中能将球击入界内的能力；具有使用下手发球将球发入发球区的能力；掌握比赛基本规则，在比赛中能使用下手发球，正、反手能打出回合
二级	1.底线正手前后移动击球 2.底线反手前后移动击球 3.上手发球	底线正反手6个方向移动击球	二级10分制比赛	受测者达到二级应具有使用正、反手技术在前后移动中将球击入界内的能力；具有使用上手发球将球发入发球区的能力；在比赛中能够使用上手发球，能够运用正、反手技术多向移动回球
三级	1.底线正手击球线路控制 2.底线反手击球线路控制 3.发平击球	底线正反手击球—中场击球—截击球	三级10分制比赛	受测者达到三级应具有使用正、反手技术控制击球线路的能力；掌握底线到中场到网前位置的衔接步法，掌握截击球的技术要领；掌握平击发球技巧；在比赛中能使用平击发球，能够运用正、反手技术调动对手得分
四级	1.底线正手击球线路控制 2.底线反手击球线路控制 3.发侧旋球	底线正反手击球—中场击球—截击球	四级10分制比赛	受测者达到四级应具有使用正、反手技术控制击球线路和速度的能力；掌握截击球和高压球技术，灵活控制击球线路；掌握侧旋发球技巧；在比赛中能够使用侧旋发球，能使用发球和正手得分，反手具有相持能力；能够运用截击、高压等中前场技术作为攻击手段
五级	1.底线正手击球线路与速度控制 2.底线反手击球线路与速度控制 3.发上旋球	底线正反手击球—中场击球—截击球深度控制	五级10分制比赛	受测者达到五级应具有使用正、反手技术控制击球落点和速度的能力；截击球和高压球有准度和速度；掌握发上旋球的技巧；在比赛中发球有旋转和速度，正手能作为比赛中的得分手段，反手能够控制击球线路，能够运用截击、高压等中前场技术得分
六级	1.底线正手击球精准度与速度控制 2.底线反手击球精准度与速度控制 3.发球角度与旋转控制	底线正反手击球—中场击球—截击球—高压球深度与线路控制	六级10分制比赛	受测者达到六级应具有使用正、反手技术控制变线回球精准度和速度的能力；截击球和高压球有准度、速度；发球能够发出内角、外角度，并能够切换侧旋和上旋发球；在比赛中发球能够控制角度、旋转，正手有速度、旋转、落点等变化，是比赛中的稳定得分手段，反手具有变线回球能力，能运用截击、高压球、凌空球等战术组合得分

（四）场地器材

1 一级测评场地器材

一级测评使用红色球及红球场地，如图 1-1、图 1-2 所示。

5.1　一级测评

5.1.1　场地器材

测评场地、器材规定如下。
- a)　场地：红球场地长 10.97 m×宽 5.48 m，球网中间高度为 0.8 m。
- b)　器材：
  1) 红色球，质量：36.0 g～49.0 g，尺寸：7.00 cm～8.00 cm，弹性：90 cm～105 cm，颜色：红加黄或黄色带红点，气压：标准网球减压 75%；
  2) 网球拍：球拍总长度不能超过 73.7 cm，总宽度不能超过 31.7 cm。

图 1-1　红色球

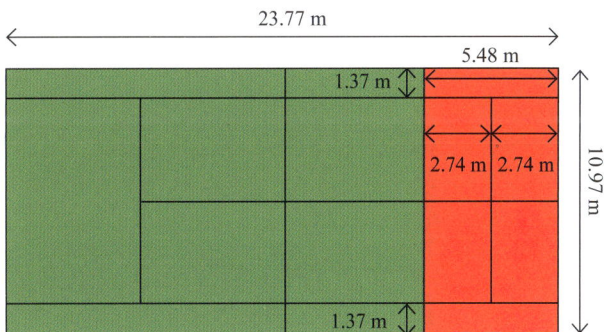

图 1-2　红球场地

2 二级测评场地器材

二级测评使用橙色球及橙球场地，如图 1-3、图 1-4 所示。

5.2　二级测评

5.2.1　场地器材

测评场地、器材规定如下。
- a)　场地：橙球场地长 18.21 m×宽 6.43 m，球网中间高度为 0.914 m。
- b)　器材：
  1) 橙色球，质量：36.0 g～46.9 g，尺寸：6.00 cm～6.86 cm，弹性：105 cm～120 cm，颜色：橙加黄或黄色带橙色点，气压：标准网球减压 50%；
  2) 网球拍：球拍总长度不能超过 73.7 cm，总宽度不能超过 31.7 cm。

图 1-3　橙色球

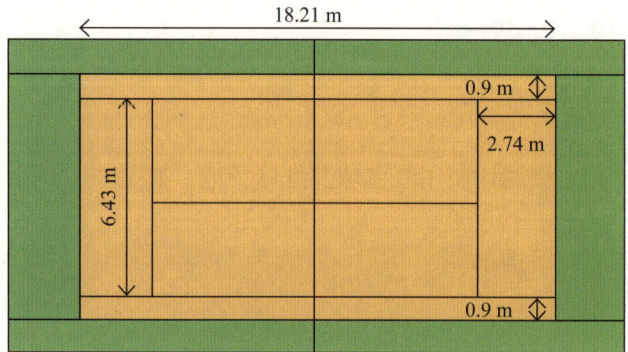

图 1-4　橙球场地

③ 三级测评场地器材

三级测评使用绿色球及标准网球场地，如图 1-5、图 1-6 所示。

5.3　三级测评

5.3.1　场地器材

测评场地、器材规定如下。

a)　场地:标准网球场地单打区域长 23.77 m×宽 8.23 m,球网中间高度为 0.914 m,应符合 GB/T 22517.7 的规定。

b)　器材:

　　1)　绿色球,质量:47.0 g～51.5 g,尺寸:6.30 cm～6.86 cm,弹性:120 cm～135 cm,颜色:绿加黄或黄色带绿色点,气压:标准网球减压 25%;

　　2)　网球拍:球拍总长度不能超过 73.7 cm,总宽度不能超过 31.7 cm;

　　3)　贴线胶带 50 m,宽度 5 cm～8 cm。

图 1-5　绿色球

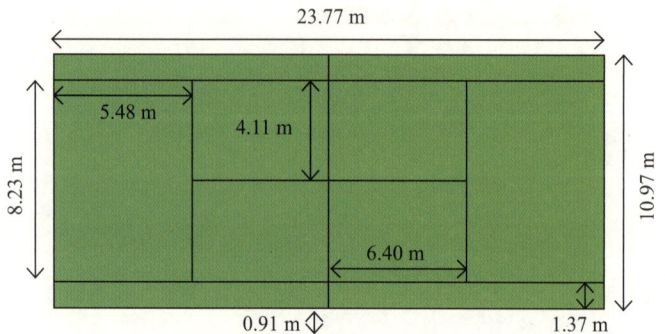

图 1-6　标准网球场

④ 四、五、六级测评场地器材

四、五、六级测评均使用标准网球及标准网球场地，如图 1-7、图 1-8 所示。

5.4 四级测评

5.4.1 场地器材

测评场地、器材规定如下。
- a) 场地：标准网球场地单打区域长 23.77 m×宽 8.23 m，球网中间高度为 0.914 m，应符合 GB/T 22517.7 的规定。
- b) 器材：
  1) 标准网球应符合 GB/T 22754 的规定；
  2) 网球拍：球拍总长度不能超过 73.7 cm，总宽度不能超过 31.7 cm；
  3) 贴线胶带 50 m，宽度 5 cm～8 cm。

5.5 五级测评

5.5.1 场地器材

测评场地、器材规定同 5.4.1。

5.6 六级测评

5.6.1 场地器材

测评场地、器材规定同 5.4.1。

图 1-7　标准网球

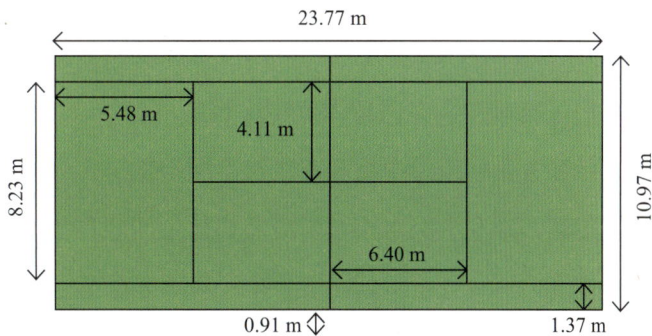

图 1-8　标准网球场

二、使用建议

本标准适用于小学、初中、高中、大学各学段学生网球运动能力的测评。本标准充分考虑体育教学、体育学业质量评价、体育教育质量监测等工作的使用需要，结合不同地区、不同学段的学校体育开展实际，综合考量"网球标准"在全国的推行和实施难度，确保标准具备广泛的适用性。

（一）可应用于体育教学

"网球标准"可应用于体育教学，从教学组织、教学设计、教学方法等方面入手，为学生提供更加科学化、个性化的教学服务，提高网球课程的教学质量和效果，促进学生全面发展和健康成长。

❶ 教学组织

（1）选项走班

选项走班是一种灵活的教学组织形式，允许学生根据自己的兴趣、能力和需求选择适合自己的专项运动班级进行学习。在网球课程中，教师可以结合"网球标准"，设置不同教学难度的班级，以满足学生的个性化需求。教师可以根据标准中每个等级对应的网球课程进行授课。学生可以根据标准对标自己的网球运动能力等级，选择对应的班级上课，这样可以确保学生在适合自己的教学环境中学习网球，从而提高学习效果。

（2）分层教学

分层教学是根据学生的实际情况，如技能水平和学习能力等，将学生分为不同的层次进行教学。在网球课程中，教师可以结合"网球标准"，将学生进行合理分层，比如分为初级、中级和高级等不同层次。初级，学生可以从零基础开始，通过学习达到一级和二级水平；中级需要学生已经具备二级水平，可以开始学习三级对应的难度内容，直至达到四级水平；高级需要学生已经达到四级水平，通过学习可以向五级、六级水平发展。针对不同层次的学生，教师可以设置不同的教学目标、教学内容和教学方法。

❷ 教学设计

在教学中，结合"网球标准"的教学理念，以促进学生全面发展为目标，以激发学生兴趣为引导，通过科学、系统的教学设计，提升学生的网球运动能力，促进学生身心健康发展。网球课程教学设计主要包括模块教学设计、单元教学设计和课时教学设计三部分。

（1）网球模块教学设计

网球课程学生运动能力按照难度逐级进阶设定了6个等级。与这6个等级相对应，将网球项目教学内容分为6个模块，模块一和模块二为夯实基础期，对应运动能力的一级和二级；模块三和模块四为提高能力期，对应运动能力的三级和四级；模块五和模块六为发展特长期，对应运动能力的五级和六级。6个模块内容纵向衔接，层层递进。

在进行网球项目模块教学设计时，教师还应考虑以下关键点：首先，根据学生的实际情况，挑选适合他们的模块进行教学；其次，重视阶段性评估，以便及时对教学方案进行反馈和调整；最后，确保网球教学内容的全面性，根据学生的学习进度，合理安排每个模块的知识学习、技能练习、体能练习等。

（2）网球单元教学设计

网球单元教学设计遵循每个模块的教学框架，将模块内容划分为几个相互关联的大单元，并进一步将这些内容分配到每次课程的教学计划中。依据《义务教育体育与健康课程标准（2022年版）》中的"健康第一"和"教会、勤练、常赛"的课程理念，每个单元均设置学习内容、练习内容和比赛内容，确保各个单元的学习、练习和比赛内容能够有机地结合在一起。

在进行网球单元教学设计时，教师需重点考虑以下方面：首先，依据教学对象和单元学习内容，合理安排总课时数，考虑到不同教学阶段和学生学习能力的差异，课时数量应作出适当调整；其次，确保每个课时的教学目标能够具体反映单元目标，且各课时目标之间应呈现递进的关系；最后，应挑选恰当的教学组织形式和教学方法。

（3）网球课时教学设计

网球课时教学设计是在单元教学设计的基础上，结合学校的具体场地设施、器材资源以及班级学生的实际情况，对网球教学中的各个要素进行详细规划和设计。其目的是构建一个集学习、练习、竞赛和评价于一体的网球课程教学体系，从而形成一个完整的课堂教学实施方案。

在进行网球课时教学设计时，需要特别关注以下几个关键要素：首先，应设定具体、可衡量的教学目标，并灵活运用多种教学手段和方法，以情境式深度教学的方式，激发学生的学习兴趣和参与热情。其次，应合理安排学生的运动负荷和练习密度，确保学生在安全的前提下，能够充分参与网球学练，从而达到最佳的学练效果。最后，应注重课堂过程性评价，通过观察、记录和反馈，及时了解学生的学习进展和存在的问题，从而调整教学策略，帮助学生在网球学练中不断进步和成长。

❸ 教学方法

教学中采用多样化的、适宜的教学方法可以帮助学生更好地发挥自己的优势，弥补自己的不足，提高学习效果。在网球课程中，教师可以根据学生的身体状况、心理特征、兴趣爱好等方面的差异，采用不同的教学方法和手段进行教学。例如，对于身体素质较差的学生，教师可以采用渐进式的教学方法，逐步提高学生的身体素质；对于心理素质较差的学生，教师可以采用鼓励式的教学方法，帮助学生建立自信、提升勇气；对于兴趣浓厚的学生，教师可以采用拓展式的教学方法，引导学生深入学习和探索网球的乐趣。基于学生的运动能力差异，网球课程教学可以更有针对性地安排教学内容和练习方法，更加适宜每个学生的发展需求。

（二）可应用于体育中考

对于将网球列为体育中考项目的地区，"网球标准"可以优化考试方案，提升该项目体育中考的公平性，丰富体育中考的选择性。"网球标准"不仅能够更好地评估学生的网球运动能力，还能够促进网球课程的普及和发展。

❶ 优化考试方案

将"网球标准"作为参考依据，可以对体育中考考试方案进行优化。通过调整考试内容，确保其更准确地评估学生的网球技能掌握情况和运动能力形成情况。

❷ 提升公平性

"网球标准"的引入，有助于消除地域、学校之间的差异，确保所有学生在相同的标准下接受评价。这不仅能够增强考试的公正性和公平性，还能够促进各地、各学校之间网球教学的交流与合作，还能够比较不同区域间学生网球水平的差异。

❸ 丰富选择性

将网球测评纳入体育中考，可以为学生提供更多的选择机会。学生可以根据自己的兴趣和特长选择是否参加网球考试，有助于促进学生的个性化和多元化发展。

（三）可应用于质量监测

"网球标准"可应用于质量监测，为监测学生体能提供明确的指标，还能在此基础上增加对专项运动能力的监测，有助于提升教育质量，促进区域比较，并为教育决策提供可靠依据。

❶ 使体育教育质量监测更科学

通过这一标准，教师可以更加准确地评估学生的网球运动能力，从而制订更有针对性的教学计划。同时，学生也能根据自己的实际情况，选择适合自己的学习内容和进度，提高学习效果。

❷ 全面评价学生网球运动能力

在过去，体育教育往往只关注学生的体能水平，而忽视了专项运动能力。通过增加对专项运动能力的监测，我们可以更加全面地了解学生的网球运动能力，从而更好地指导学生的学习和锻炼，促进学生网球运动能力的提高。

❸ 促进区域比较

标准是全国统一的，不同地区、不同学校的学生都可以按照相同的标准进行测评。我们可以更加客观地比较不同地区、不同学校之间的网球教育水平，有针对性地提出可行的解决方案。例如，统计各地区学习网球的学生有多少达到了二级水平，各地区学习网球并达到二级水平的学生占全体学生的比例等。通过达到不同等级的比例数据，能够比较区域体育教育质量的差异。

④ 为教育决策提供可靠依据

通过对学生网球运动能力的科学评价，教师可以了解学生在网球学习中的优势与不足，进而调整教学计划和策略，提高教育质量。同时，这一结果也可以作为教育评估的重要指标之一，为教育政策的制定和调整提供有力支持。

（四）可应用于督导评估

"网球标准"的制定和实施，不仅能准确评估学生的网球运动能力，还能有效反映学校体育发展的整体水平。对于督导评估学校体育发展水平以及推动网球教育的质量提升具有重要意义。在学校体育督导评估指标体系中，可以将学生运动能力应达到的等级作为其中一项重要指标，使督导评估工作更加客观、精准，也更能反映学校体育发展水平。

① 课程建设

通过网球课程学生运动能力测评，可以检验网球课程的教学内容、教学方法是否科学合理，能否满足学生的实际需求，进而推动网球课程建设的不断完善和优化。

② 师资强化

网球课程学生运动能力测评的结果可以反映教师的教学水平和专业能力。通过对测试结果的分析，可以发现教师在教学中的优势和不足，进而有针对性地开展培训，提升教师专业能力。

③ 学生参与

网球课程学生运动能力测评可以激发学生参与网球运动的兴趣。通过参与测试，学生可以了解自己的网球运动能力，明确学习目标和方向。同时，测试结果也可以作为选拔优秀学生参加更高级别比赛或活动的重要依据。

④ 条件改善

网球课程学生运动能力测评对场地、器材等设施条件提出了一定的要求，这有助于推动学校加大对体育设施建设的投入力度，改善体育教学的客观条件，为学生提供更好的体育锻炼环境。

三、实施保障

（一）规范测评方法

学生运动能力测评是一个复杂的过程，只有测评方法合理，测评结果的准确度才会有保障。第一，测评需要有专业的场地、器材，场地、器材既要符合测评相应等级的要求，也要与学生的年龄特点和发展实际相一致。第二，测评需要有专业的测评员，测评员不仅要懂得网球各等级测评内容、达标要求、测评步骤等，还要具有公平、公正的测评专业素养，这是测评工作能够合理、有序开展的重要保障。第三，测评手段要多元化，从人工到智能的方式逐渐过渡，最终采用智能的方式测评学生的运动能力发展水平。在初期智能测评工具开发尚不完善的时候，可以通过人工测评的方式实施测评工作。随着智能测评工具的不断开发和完善，智能测评应逐渐渗透其中。智能测评不仅能在一定程度上减轻人工测评的负担、降低组织测评工作的复杂性，而且能提升测评的客观性和精准度，并通过大数据对测评结果做及时反馈，同时大大提高运动能力标准的普及程度和应用范围。

（二）加强培训

为了确保"网球标准"在全国范围内有效推广和应用，提升网球课程教学质量和测评教师的专业素养，需要加强测评教师的培训工作。在培训目标方面，要让教师深入理解"网球标准"的核心理念和测评要求，掌握网球课程学生运动能力测评的具体方法和技巧，提升测评教师的专业素养和教学能力，确保测评工作的准确性和公正性。在培训内容方面，可以采用理论与实践相结合的形式，将标准培训与教学改革相结合，让教师了解"网球标准"建设的要求，加强测评工作的规范性，交流学习如何通过教学让学生达到相应的运动能力等级。在培训形式方面，可以采用线上线下相结合的方式。线上培训可依靠数智赋能，提供线上视频教程、在线答疑等服务，方便教师随时随地进行学习；线下培训可组织集中培训，邀请专家授课和现场指导，确保教师能够全面掌握测评技能和教学方法。总之，通过"网球标准"的培训，能够提升测评教师的专业素养和教学能力，为"网球标准"的推广和应用奠定坚实基础。

（三）开展试点

试点工作开展前，项目组核心成员需要制定规范的测评员培训和考核办法，在测评员了解"网球标准"的测评流程和评定办法的前提下开展测评工作。试点工作的实施，第一是确立试点区和试点校。可以在前期已经确立的试点区和试点校中开展试点工作，也可以在后续征集试点区和试点校的活动中扩大试点范围，其目的是能够让更多的区域和学校会用标准、用好标准，使标准更好地服务于学生的全面发展，促进学校体育高质量发展。第二是研制试点工作方案，包括教学改革试点工作方案、质量监测试点工作方案、体育中考试点工作方案、督导评估试点工作方案等，有组织地开展试点工作才能更有成效，并通过方案实施获取有益经验。第三是组织开展试点工作实践，不同的试点区和试点校可以结合区域和学校实际情况选择一种或多种试点方案，组织开展试点工作，在试点工作实践中不断优化试点工作。第四是组织开展试点经验展示交流活动，让有经验的试点区和试点校作为示范典型在全国范围内宣传和推广，让其他地区和学校学习借鉴，使标准发挥更大的作用。

第二章

网球课程学生运动能力一级测评

一、一级达标要求

一级测评使用红色球及红色球场，具体测评要求如下。

4.2.1　一级达标要求

4.2.1.1　一级技能应符合表 1 的要求。

表 1　一级技能要求

测评内容		合格要求
单个技能	底线正手左右移动击球	≥6 个
	底线反手左右移动击球	≥6 个
	下手发球	≥6 个
组合技能	底线正反手左右移动击球	≥6 个

4.2.1.2　一级比赛应符合表 2 的要求。

表 2　一级比赛要求

测评内容	观测点[b]	合格要求[c]	
10 分制一级比赛[a] 一局决胜负，先得 10 分者获胜。 双方比分相加为 6 分或 6 分的倍数时，双方交换场地，3 场比赛的场均分为最后得分	发球	能下手发球	场均分≥6 分
	底线技术	底线正反手能打出回合	

[a]　比赛规则见《网球竞赛规则(2023)》。
[b]　2 个观测点均应达到合格要求。
[c]　2 名测评员均判定达到要求为合格。

4.2.1.3　一级应符合表 1 和表 2 的要求。

解 **读**

（一）单个技能

1 底线正手左右移动击球

受测者在底线中点准备，向惯用手一侧移动，使用正手技术击出落地球，然后快速回到底线中点位置，准备下一次击球。受测者使用正手技术连续左右移动击出10次落地球，有效击球数量大于等于6个即达到合格要求。

底线正手左右移动击球的动作要领（以右手为惯用手为例）如图2-1所示。

（1）准备姿势：两脚开立，与肩同宽或略比肩宽，双膝微屈，躯干微前倾，右手握拍柄，左手扶拍颈，拍头朝上微前倾。

（2）引拍：当对方击球时分腿垫步，双脚保持有频率的落地与起动，快速靠近惯用手一侧的击球位置，在途中或到击球位置时侧身并向侧后方引拍，身体保持平衡并做好击球的蓄力准备。

图 2-1　底线正手左右移动击球

（3）击球：合适的击球位置在腰与头顶之间。当受测者预判到击球时机时，保持重心高度平稳，重心由后向前，以身体左侧为轴充分转动身体，带动手臂与球拍由后向前迎击来球，击球后手臂继续随球向前挥动，在左肩位置结束。然后快速回位准备下一次击球。

❷ 底线反手左右移动击球

受测者在底线中点准备，向非惯用手一侧移动，使用反手技术击出落地球，然后快速回到底线中点位置，准备下一次击球。受测者使用反手技术连续左右移动击出 10 次落地球，有效击球数量大于等于 6 个即达到合格要求。

底线反手左右移动击球的动作要领（以右手为惯用手、双手反手为例）如图 2-2 所示。

（1）准备姿势：两脚开立，与肩同宽或略比肩宽，双膝微屈，躯干微前倾，右手握拍柄，左手扶拍颈，拍头朝上微前倾。

（2）引拍：当对方击球时分腿垫步，双脚保持有频率的落地与起动，双手转换成反手握拍，同时快速靠近非惯用手侧的击球位置，在途中或到击球位置时侧身并向侧后方引拍，身体保持平衡并做好击球的蓄力准备。

图 2-2　底线反手左右移动击球

（3）击球：合适的击球位置在腰与肩部之间。当受测者预判到击球时机时，保持重心高度平稳，重心由后向前，以身体右侧为轴充分转动身体，带动手臂与球拍由后向前迎击来球，击球后手臂继续随球向前挥动，在右肩位置结束。然后快速回位准备下一次击球。

❸ 下手发球

受测者使用下手发球，分别向左右发球区交替发球，共 10 次发球，有效击球数量大于等于 6 个即达到合格要求。

下手发球的动作要领如图 2-3 所示。

受测者使用惯用手持拍，面向场地或侧身站立，非惯用手抛球后，自后下方向前上方挥拍击球。

图 2-3　下手发球

（二）组合技能——底线正反手左右移动击球

受测者在底线中点准备，使用底线正反手技术左右移动击出落地球，正反手交替进行，共击出 10 次球，有效击球数量大于等于 6 个即达到合格要求（图 2-4）。

（三）一级 10 分制比赛

受测者分组进行 10 分制比赛（红色球），比赛按照国际网球联合会《网球竞赛规则（2023）》中关于"抢 10"赛制进行。一局决胜负，先得 10 分者获胜，3 场比赛的场均分为最后得分。双方比分相加为 6 分或 6 的倍数时，双方交换场地。比赛中 2 名测评员均判定受测者达到合格要求，且场均分大于等于 6 分为合格。

观测点解读：

（1）发球：能下手发球到发球区内。

（2）底线技术：比赛中能使用底线正反手打出回合，并能与对手进行多回合对抗。

二、一级测评方法

一级测评使用红色球及对应场地进行测评。

（一）单个技能——底线正手左右移动击球

5.1.2 单个技能——底线正手左右移动击球

5.1.2.1 测评员工作

测评工作应由 2 名测评员完成，其测评工作包括但不限于：

a) 测评员站位如图 1 所示；

b) 1 名测评员在球网侧面位置，负责记录受测者有效击球数量；

c) 1 名测评员在底线中点外 0.5 m 位置，负责持拍送球至受测者正手位，每次送球时间间隔 3 s±0.5 s。

5.1.2.2 测试步骤

受测者测试步骤如下：

a) 站在底线中点准备，听到测试指令后，开始测试；

b) 使用正手技术连续左右移动击 10 次落地球，将球击打至有效区域内，如图 1 所示（以右手为惯用手为例）；

c) 每次击球后回到底线中点准备，完成 10 次击球即为测试结束。

每名受测者 1 次测试机会。

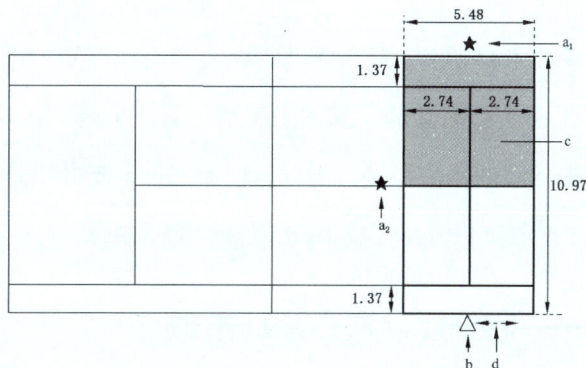

单位为米

标引序号说明：

a₁、a₂——测评员位置；

b　　——受测者位置；

c　　——有效区域；

d　　——移动方向。

图 1　底线正手左右移动击球测试示意图

解 读

❶ 测评员工作

测评工作共由 2 名测评员完成，2 名测评员的站位如图 1 中 a_1、a_2 所示，其测评工作包括但不限于以下任务：

（1）1 号测评员（a_1）

①站在底线中点外 0.5 m 位置，负责持拍送球至受测者正手位，每次送球时间间隔 3 s ± 0.5 s；

②当受测者举手示意准备就绪后开始测试，根据测试要求给受测者送球，完成 10 次送球后即为测试结束，若有送球失误情况应重新送球。

（2）2 号测评员（a_2）

①引导受测者至底线中心准备测试，向受测者讲解测试内容、击球线路、击球有效区域等测试要求；

②站在球网侧面场地外观察，记录受测者有效击球数量；

③受测者完成 10 次击球后，与受测者确认有效击球数量；

④宣布测试结束，引导受测者离场，引导下一名受测者进入测试场地。

❷ 受测者注意事项

受测者使用正手技术移动至击球位置将球击打至有效区域，每次击球后返回底线中点，准备进行下一次移动击球，如图 1 所示。测评员两次送球间隔时间较短，受测者需注意两次击球间的步法衔接，击球后快速回位准备并快速移动到合适位置击球。每位受测者 1 次测试机会，完成 10 次击球后测试结束。

（二）单个技能——底线反手左右移动击球

5.1.3　单个技能——底线反手左右移动击球

5.1.3.1　测评员工作

测评工作应由 2 名测评员完成，其测评工作包括但不限于：

   a)   测评员站位如图 2 所示；

   b)   1 名测评员在球网侧面位置，负责记录受测者有效击球数量；

   c)   1 名测评员在底线中点外 0.5 m 位置，负责持拍送球至受测者反手位，每次送球时间间隔 3 s±0.5 s。

5.1.3.2　测试步骤

受测者测试步骤如下：

   a)   站在底线中点准备，听到测试指令后，开始测试；

   b)   使用反手技术连续左右移动击 10 次落地球，将球击打至有效区域内，如图 2 所示（以右手为惯用手为例）；

   c)   每次击球后回到底线中点准备，完成 10 次击球即为测试结束。

每名受测者 1 次测试机会。

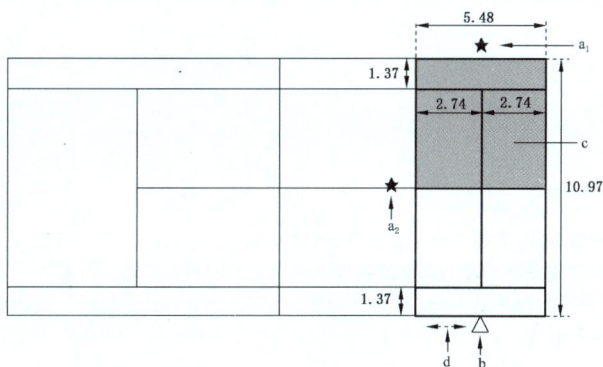

图 2　底线反手左右移动击球测试示意图

标引序号说明：

a$_1$、a$_2$——测评员位置；

b　　——受测者位置；

c　　——有效区域；

d　　——移动方向。

解 读

① 测评员工作

测评工作共由 2 名测评员完成，2 名测评员的站位如图 2 中 a$_1$、a$_2$ 所示。测评员工作与"底线正手左右移动击球"的测评员工作基本相同，区别是 1 号测评员负责持拍送球至受测者反手位。

2 受测者注意事项

　　受测者使用反手技术移动至合适位置将球击打至有效区域，每次击球后返回底线中点，准备下一次击球，如图2所示。测评员两次送球间隔时间较短，受测者需注意两次击球间的步法衔接，击球后快速回位准备并快速移动到合适位置击球。每位受测者1次测试机会，完成10次击球后测试结束。

（三）单个技能——下手发球

5.1.4　单个技能——下手发球

5.1.4.1　测评员工作

　　测评工作应由1名测评员完成，站位如图3所示，负责记录受测者有效击球数量。

5.1.4.2　测试步骤

　　受测者测试步骤如下：

　a)　站在底线中点准备，听到测试指令后，开始测试；
　b)　使用下手发球技术分别向左右发球区各发5次球，交替进行，如图3所示；
　c)　完成10次击球即为测试结束。
　每名受测者1次测试机会。

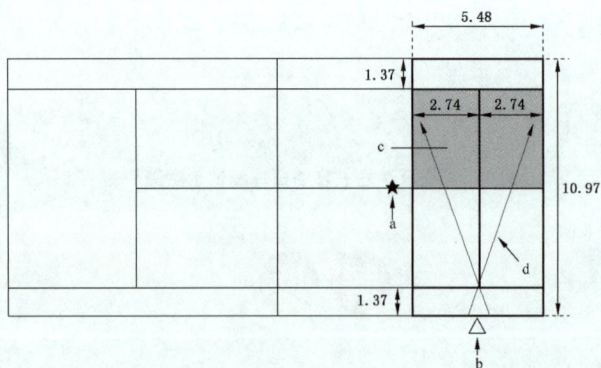

单位为米

标引序号说明：

a——测评员位置；
b——受测者位置；
c——发球区；
d——击球线。

图3　下手发球测试示意图

解 读

① 测评员工作

测试工作由 1 名测评员完成，测评员站位如图 3 中 a 所示，其测评工作包括但不限于以下任务：

（1）引导受测者至底线中点准备，向受测者讲解测试内容、击球线路、击球有效区域等测试要求；

（2）站在球网侧面场地外观察，记录受测者有效击球数量；

（3）受测者完成 10 次击球后，与受测者确认有效击球数量；

（4）宣布测试结束，引导受测者离场，引导下一名受测者进入测试场地。

② 受测者注意事项

受测者使用下手发球技术分别向左右发球区各发 5 次球，交替进行，如图 3 所示。受测者首先站在底线后中线右侧向左发球区发球，然后站在底线后中线左侧向右发球区发球，交替进行。发球要求在抛球落地前击球。每位受测者 1 次测试机会，完成 10 次击球后即为测试结束。

（四）组合技能——底线正反手左右移动击球

5.1.5　组合技能——底线正反手左右移动击球

5.1.5.1　测评员工作

测试工作应由 2 名测评员完成，其测评工作包括但不限于：

a)　测评员站位如图 4 所示；

b)　1 名测评员在球网侧面位置，负责记录受测者有效击球数量；

c)　1 名测评员在底线中点外 0.5 m 位置，负责持拍送球，依次推送至受测者正、反手位侧前方位置，每次送球时间间隔 3 s±0.5 s。

5.1.5.2　测试步骤

受测者测试步骤如下：

a)　站在底线中点准备，听到测试指令后，开始测试；

b)　用底线正反手技术左右移动击落地球，将球击打至有效区域内，如图 4 所示（以右手为惯用手）；

c) 击球顺序依次为:①底线正手击球,②底线反手击球,交替击球,共 10 颗球。
每名受测者 1 次测试机会。

单位为米

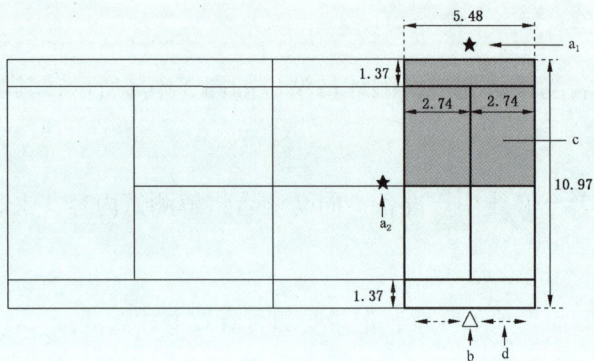

标引序号说明:
a_1、a_2 —— 测评员位置;
b —— 受测者位置;
c —— 有效区域;
d —— 移动方向。

图 4   底线正反手左右移动击球测试示意图

解 读

1 测评员工作

测评工作共由 2 名测评员完成,2 名测评员的站位如图 4 中 a_1、a_2 所示。测评员工作与"底线正手左右移动击球"的测评员工作基本相同,区别是 1 号测评员负责持拍送球,依次推送至受测者正、反手位侧前方位置。

2 受测者注意事项

受测者使用底线正反手技术左右移动击落地球,将球击打至有效区域内,每次击球后返回底线中点,准备进行下一次击球,如图 4 所示。受测者需注意左右移动步法正确、有节奏感和衔接流畅。每位受测者 1 次测试机会,完成 10 次击球后测试结束。

（五）一级 10 分制比赛

5.1.6　一级 10 分制比赛

5.1.6.1　测评员工作

测评工作应由 4 名测评员完成，其测评工作包括但不限于：
a)　1 名测评员负责比赛的抽签、分组、组织协调等工作，本级比赛不分男生组、女生组；
b)　1 名测评员负责记录比分、计算场均分、比赛监督等工作；
c)　2 名测评员负责评价受测者的比赛表现，评定观测点的达标情况。

5.1.6.2　测试步骤

受测者测试步骤如下：
a)　进行 4 人单循环 10 分制比赛；
b)　每人测试 3 场，每场比赛先得 10 分者为胜。

解 读

一级比赛使用红色球，受测者不分男生组和女生组，先得 10 分者获胜，比赛规则参考《网球竞赛规则（2023）》。

1 测评员工作

测评工作共由 4 名测评员完成，其测评工作包括但不限于以下任务：

（1）1 号测评员

①作为裁判长，组织受测者抽签、分组，并组织测评工作、分配另外 3 名测评员的任务；

②记录受测者比分，统计、计算受测者场均分。

（2）2 号测评员

①引导受测者进入比赛场地，向受测者简单介绍比赛规则，组织受测者进行比赛；

②记录受测者比分，统计、计算受测者场均分。

（3）3 号、4 号测评员

①对受测者表现进行观测和评价，评判其观测点是否合格；

②与其他测评员一起统计受测者比赛测评数据。

❷ 受测者测试步骤

受测者在测试前熟知"一级 10 分制比赛"的竞赛规则，并严格按照以下步骤完成测试：

（1）受测者先进行小组抽签，确认比赛场地及顺序，在测评员的带领下到达比赛场地，准备比赛；

（2）受测者准备就绪后举手示意，比赛开始；

（3）受测者进行 4 人组单循环 10 分制比赛，每人需完成 3 场比赛；

（4）当比分相加为 6 分或 6 的倍数时，双方交换场地。每场比赛先得 10 分者获胜。

（5）比赛结束后，听测评员宣布测评结果。

三、一级测评工具

（一）一级技能测评成绩记录表

1.每名测评员使用如表 2-1 的一级技能测评成绩记录表，独立对每名受测者比赛情况进行评判并记录。

2.一张测试表可记录多名受测者的测试成绩。

3.受测者各项技能测试成绩均达到合格要求即为合格。

表 2-1　一级技能测评成绩记录表

姓名	单个技能 1	单个技能 2	单个技能 3	组合技能	合格情况
	底线正手左右移动击球（≥6 个）	底线反手左右移动击球（≥6 个）	下手发球（≥6 个）	底线正反手左右移动击球（≥6 个）	
×××	8	6	7	6	√
注：填写受测者的有效击球数量并在合格情况一列画"√"或"×"					
测评员：			记录时间：　　年　　月　　日		

（二）一级比赛测评成绩记录表

1. 一级比赛应按照《网球竞赛规则（2023）》的要求开展，受测者场均分大于等于 6 分为合格。可使用如表 2-2 的测评成绩记录表。

2. 所有测评员均判定受测者符合达标要求即为合格。

表 2-2　一级比赛测评成绩记录表

姓名	场次	比赛对手	观测点		比赛得分	场均分	合格情况
			发球	底线技术			
			达标要求：能下手发球	达标要求：底线正反手能打出回合			
a	1	b	√	√	8	8	√
	2	c	√	√	10		
	3	d	√	√	6		
b	1	a					
	2	c					
	3	d					
c	1	a					
	2	b					
	3	d					
d	1	a					
	2	b					
	3	c					
注：填写比分，根据受测者实际表现在相应表格里画"√"或"×"							
测评员：				记录时间：　　年　　月　　日			

（三）一级测评达标记录表

1. 测评员使用如表 2-3 的测评达标记录表，记录每名受测者技能测评和比赛测评的合格情况；

2. 技能测评和比赛测评均合格为达标。

表 2-3　一级测评达标记录表

姓名	各测试内容合格情况		达标情况
	技能测评合格情况	比赛测评合格情况	
×××	√	√	√
注：各项测试内容均合格即达标，在相应表格里画"√"或"×"			
测评员：	记录时间：　　　年　　月　　日		

四、一级测评操作视频

一级测评操作视频

第三章

网球课程学生运动能力二级测评

一、二级达标要求

二级测评使用橙色球及橙色球场，具体测评要求如下。

4.2.2 二级达标要求

4.2.2.1 二级技能应符合表 3 的要求。

表 3 二级技能要求

测评内容		合格要求
单个技能	底线正手前后移动击球	≥6 个
	底线反手前后移动击球	≥6 个
	上手发球	≥6 个
组合技能	底线正反手 6 个方向移动击球	≥8 个

4.2.2.2 二级比赛应符合表 4 的要求。

表 4 二级比赛要求

测评内容	观测点[b]	合格要求[c]	
10 分制二级比赛[a] 一局决胜负，先得 10 分者获胜。 双方比分相加为 6 分或 6 分的倍数时， 双方交换场地，3 场比赛的场均分为最后得分	发球	能上手发球	场均分≥6 分
	底线技术	底线正反手能多向移动击球	

[a] 比赛规则见《网球竞赛规则(2023)》。
[b] 2 个观测点均应达到合格要求。
[c] 2 名测评员均判定达到要求为合格。

4.2.2.3 二级应符合表 3 和表 4 的要求。

解 读

（一）单个技能

① 底线正手前后移动击球

受测者在底线中点准备，分别向惯用手一侧的侧前方、侧后方移动，使用正手技术击出落地球，然后快速回到底线中点位置，准备下一次击球。受测者使用正手技术连续前后移动击出 10 次落地球，有效击球数量大于等于 6 个即达到合格要求。

底线正手前后移动击球的动作要领与一级"底线正手左右移动击球"的动作要领基本相同，区别是移动的方向。

② 底线反手前后移动击球

受测者在底线中点准备，分别向非惯用手一侧的侧前方、侧后方移动，使用反手动作击出落地球，然后快速回到底线中点位置，准备下一次击球。受测者使用反手技术连续前后移动击出 10 次落地球，有效击球数量大于等于 6 个即达到合格要求。

底线反手前后移动击球的动作要领与一级"底线反手左右移动击球"的动作要领基本相同，区别是移动的方向。

③ 上手发球

受测者使用上手的方式发球，分别向左右发球区交替发球，共 10 次发球，有效击球数量大于等于 6 个即达到合格要求。

上手发球的动作要领如图 3-1 所示。

（1）握拍：采用大陆式握拍方式。

（2）准备姿势：受测者惯用手持拍，在底线中点外侧面位置侧身站立，双脚自然站立，非惯用手持球，托拍颈准备。

（3）抛球与后摆：抛球与后摆拉拍动作同步进行，将球抛至惯用手侧的前上方，当球送至大概眼睛高度时脱手，手臂继续随球向上，同时双膝屈膝蓄力，重心降低

并前移。持拍手臂完成引拍，大臂与肩持平，小臂与大臂的夹角约为 90°，肘关节
充分放松，拍头指向空中的球。

（4）击球：当球飞到最高点或者即将下落时，双脚向上蹬并转体，送肩顶肘做
鞭打动作击球，球拍继续随挥送球。

图 3-1　上手发球

（二）组合技能——底线正反手 6 个方向移动击球

受测者在底线中点准备，依次向 6 个方向移动，使用底线正手、反手技术依次
击出落地球，每组击出 6 颗球，共进行 2 组，共 12 颗球。移动顺序为：底线正手侧
前方、底线反手侧后方、底线正手侧后方、底线反手侧前方、底线正手侧面、底线
反手侧面，每个移动方向的挥拍动作见图 3-2。有效击球数量大于等于 8 个即达到
合格要求。

①底线正手侧前方　　　　②底线反手侧后方　　　　③底线正手侧后方

④底线反手侧前方　　　　⑤底线正手侧面　　　　⑥底线反手侧面

图 3-2　底线正反手 6 个方向移动击球

（三）二级 10 分制比赛

二级 10 分制比赛与一级 10 分制比赛基本相同，区别是二级比赛使用橙色球，分男生组、女生组，观测点要求不同。

观测点解读：

1. 发球：掌握上手发球技术要领，能使用上手发球技术将球发到发球区内。

2. 底线技术：比赛中能进行多方向移动，使用底线正反手技术将不同位置的球击回对方场地内。

二、二级测评方法

（一）单个技能——底线正手前后移动击球

5.2.2 单个技能——底线正手前后移动击球

5.2.2.1 测评员工作

测评工作应由 2 名测评员完成，其测评工作包括但不限于：

a) 测评员站位如图 5 所示；

b) 1 名测评员在球网侧面位置，负责记录受测者有效击球数量；

c) 1 名测评员在底线中点外 0.5 m 位置，负责持拍送球至受测者正手位侧前方、侧后方，每次送球时间间隔 3 s±0.5 s。

5.2.2.2 测试步骤

受测者测试步骤如下：

a) 站在底线中点准备，听到测试指令后，开始测试；

b) 使用正手技术连续前后移动击 10 次落地球，将球击打至有效区域内，如图 5 所示（以右手为惯用手为例）；

c) 每次击球后回到底线中点准备，完成 10 次击球即为测试结束。

每名受测者 1 次测试机会。

单位为米

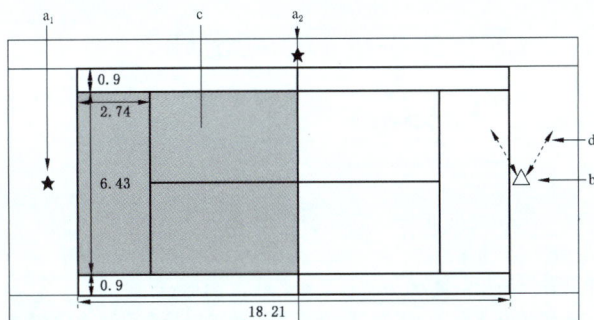

标引序号说明：

a₁、a₂——测评员位置；

b　　——受测者位置；

c　　——有效区域；

d　　——移动方向。

图 5　底线正手前后移动击球测试示意图

解 读

① 测评员工作

测评工作共由 2 名测评员完成，2 名测评员的站位如图 5 中 a_1、a_2 所示。测评员工作与一级"底线正手左右移动击球"的测评员工作基本相同，区别是 1 号测评员负责持拍送球至受测者正手位侧前方、侧后方。

② 受测者注意事项

受测者使用正手技术移动至合适位置将球击打至有效区域，每次击球后返回底线中点，准备进行下一次移动击球，如图 5 所示。当场地变大后，前后移动击球是初学者要掌握的移动击球方式。测评员两次送球间隔时间较短，受测者需注意前后移动步法正确、衔接流畅。每位受测者 1 次测试机会，完成 10 次击球后测试结束。

（二）单个技能——底线反手前后移动击球

5.2.3 单个技能——底线反手前后移动击球

5.2.3.1 测评员工作

测评工作应由 2 名测评员完成，其测评工作包括但不限于：

a) 测评员站位如图 6 所示；

b) 1 名测评员在球网侧面位置，负责记录受测者有效击球数量；

b) 1 名测评员在底线中点外 0.5 m 位置，负责持拍送球至受测者反手位侧前方、侧后方，每次送球时间间隔 3 s±0.5 s。

5.2.3.2 测试步骤

受测者测试步骤如下：

a) 站在底线中点准备，听到测试指令后，开始测试；

b) 使用反手技术连续前后移动击 10 次落地球，将球击打至有效区域内，如图 6 所示（以右手为惯用手为例）；

c) 每次击球后回到底线中点准备，完成 10 次击球即为测试结束。

每名受测者 1 次测试机会。

单位为米

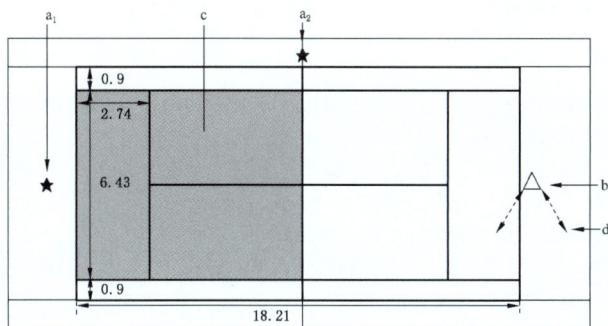

标引序号说明：

a₁、a₂——测评员位置；

b　　——受测者位置；

c　　——有效区域；

d　　——移动方向。

图 6　底线反手前后移动击球测试示意图

解 读

1 测评员工作

测评员工作共由 2 名测评员完成，2 名测评员站位如图 6 中 a₁、a₂ 所示。测评员工作与一级"底线反手左右移动击球"的测评员工作基本相同，区别是 1 号测评员负责持拍送球至受测者反手位侧前方、侧后方。

2 受测者测试步骤

受测者使用反手技术移动至合适位置将球击打至有效区域，每次击球后返回底线中点，准备进行下一次移动击球，如图 6 所示。测评员两次送球间隔时间较短，受测者需注意前后移动步法正确、衔接流畅。每位受测者 1 次测试机会，完成 10 次击球后测试结束。

（三）单个技能——上手发球

5.2.4 单个技能——上手发球

5.2.4.1 测评员工作

测评工作应由 1 名测评员完成，站位如图 7 所示，负责记录受测者有效击球数量。

5.2.4.2 测试步骤

受测者测试步骤如下：
a) 站在底线中点准备，听到测试指令后，开始测试；
b) 使用上手发球技术分别向左右发球区各发 5 次球，交替进行，如图 7 所示；
c) 完成 10 次击球即为测试结束。
每名受测者 1 次测试机会。

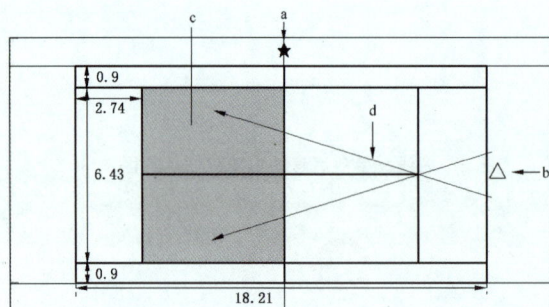

图 7 上手发球测试示意图

标引序号说明：
a——测评员位置；
b——受测者位置；
c——发球区；
d——击球线路。

解 读

1 测评员工作

测评工作由 1 名测评员完成，站位如图 7 中 a 所示。测评员工作与一级"下手发球"的测评员工作相同。

2 受测者测试步骤

受测者使用上手发球技术分别向左右发球区各发 5 次球，受测者首先站在底线后中线右侧向左发球区发球，然后站在底线后中线左侧向右发球区发球，交替进行，如图 7 所示。每位受测者 1 次测试机会，完成 10 次击球后即为测试结束。

（四）组合技能——底线正反手 6 个方向移动击球

5.2.5 组合技能——底线正反手 6 个方向移动击球

5.2.5.1 测评员工作

测评工作应由 2 名测评员完成,其测评工作包括但不限于:

a) 测评员站位如图 8 所示;

b) 1 名测评员在球网侧面位置,负责记录受测者有效击球数量;

c) 1 名测评员在底线中点外 0.5 m 位置,负责持拍送球至相应位置,送球顺序依次为:①底线正手侧前方,②底线反手侧后方,③底线正手侧后方,④底线反手侧前方,⑤底线正手侧面,⑥底线反手侧面位置,每次送球时间间隔 3 s±0.5 s。

5.2.5.2 测试步骤

受测者测试步骤如下:

a) 站在底线中点准备,听到测试指令后,开始测试;

b) 用底线正反手技术分别进行 6 个方向移动击落地球,将球击打至有效区域内,如图 8 所示(以右手为惯用手为例);

c) 击球顺序依次为:①底线正手侧前方,②底线反手侧后方,③底线正手侧后方,④底线反手侧前方,⑤底线正手侧面,⑥底线反手侧面位置击球,每组 6 颗球,进行两组,共 12 颗球。

每名受测者 1 次测试机会。

单位为米

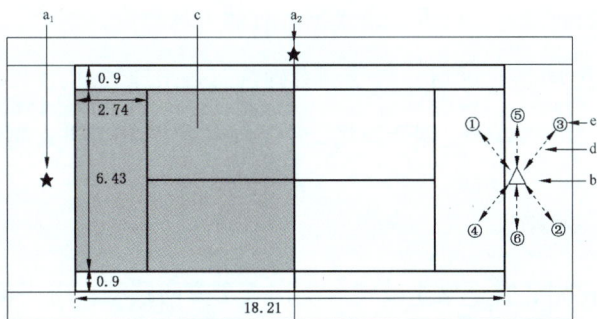

标引序号说明:

a₁、a₂ ——测评员位置;　　　　　　　　　d ——移动方向;

b ——受测者位置;　　　　　　　　　　　e ——击球顺序。

c ——有效区域;

图 8　底线正反手 6 个方向移动击球测试示意图

解 读

1 测评员工作

测评工作共由 2 名测评员完成，2 名测评员的站位如图 8 中 a_1、a_2 所示，其测评工作包括但不限于以下任务：

（1）1 号测评员

①在底线中点外 0.5 m 位置，负责持拍送球至相应位置，送球顺序依次为：底线正手侧前方、底线反手侧后方、底线正手侧后方、底线反手侧前方、底线正手侧面、底线反手侧面位置，每组送 6 颗球，进行 2 组，共送 12 颗球。每次送球的时间间隔为 3 s±0.5 s；

②当受测者举手示意准备就绪后，根据测试要求给受测者送球，完成 10 次送球后即为测试结束，若有送球失误的情况需重新送球。

（2）2 号测评员

①引导受测者至底线中点准备，向受测者讲解测试内容、击球线路、击球有效区域等测试要求；

②站在球网侧面位置，负责记录受测者有效击球数量；

③受测者完成 10 次击球后，与受测者确认有效击球数量；

④宣布测试结束，引导受测者离场，引导下一名受测者进入测试场地。

2 受测者注意事项

（1）受测者使用底线正反手技术分别向 6 个方向移动，击出落地球，将球击打至有效区域内，每次击球后返回底线中点，准备进行下一次击球，击球顺序与移动线路如图 8 所示。

（2）击球顺序依次为：底线正手侧前方、底线反手侧后方、底线正手侧后方、底线反手侧前方、底线正手侧面、底线反手侧面位置击球，每组击 6 颗球，进行 2 组，共击 12 颗球。受测者注意多向移动要步法正确、有节奏感和衔接流畅。

（3）每位受测者 1 次测试机会，完成 12 次击球后测试结束。

（五）二级 10 分制比赛

5.2.6　二级 10 分制比赛

5.2.6.1　测评员工作

测评工作应由 4 名测评员完成，其测评工作包括但不限于：

a)　1 名测评员负责比赛的抽签、分组、组织协调等工作，本级比赛分男生组、女生组；

b)　1 名测评员负责记录比分、计算场均分、比赛监督等工作；

c)　2 名测评员负责评价受测者的比赛表现，评定观测点的达标情况。

5.2.6.2　测试步骤

受测者测试步骤如下：

a)　进行 4 人单循环 10 分制比赛；

b)　每人测试 3 场，每场比赛先得 10 分者为胜。

二级 10 分制比赛的测评员工作和受测者测试步骤与一级 10 分制比赛基本相同，区别是二级比赛分男生组、女生组。

三、二级测评工具

（一）二级技能测评成绩记录表

1. 每名测评员独立对每名受测者比赛情况进行评判并记录。

2. 测试表式样可参照表 3-1，可记录多名受测者的测试成绩。

3. 受测者各项技能测试成绩均达到合格要求即为合格。

表 3-1　二级技能测评成绩记录表

姓名	单个技能 1 底线正手前后移动击球（≥6 个）	单个技能 2 底线反手前后移动击球（≥6 个）	单个技能 3 上手发球（≥6 个）	组合技能 底线正反手 6 个方向移动击球（≥8 个）	合格情况
×××	7	6	7	8	√
注：填写受测者的有效击球数量并在合格情况一列画"√"或"×"					
测评员：			记录时间：　　年　　月　　日		

（二）二级比赛测评成绩记录表

1. 比赛应按照《网球竞赛规则（2023）》的具体要求开展，受测者场均分大于等于 6 分为合格。可使用如表 3-2 的成绩记录表。

2. 所有测评员均判定受测者符合达标要求即为合格。

表 3-2　二级比赛测评成绩记录表

姓名	场次	比赛对手	观测点		比赛得分	场均分	合格情况
			发球	底线技术			
			达标要求：能上手发球	达标要求：底线正反手能多向移动击球			
a	1	b	√	√	8	7	×
	2	c	√	√	6		
	3	d	√	×	7		
b	1	a					
	2	c					
	3	d					
c	1	a					
	2	b					
	3	d					
d	1	a					
	2	b					
	3	c					
注：填写比分，根据受测者实际表现在相应表格里画"√"或"×"							
测评员：			记录时间：　　年　月　日				

（三）二级测评达标记录表

1. 测评员可使用如表 3-3 的达标记录表，记录每名受测者技能测评和比赛测评的合格情况；

2. 技能测评和比赛测评均合格为达标。

表 3-3　二级测评达标记录表

姓名	各测试内容合格情况		达标情况
	技能测评合格情况	比赛测评合格情况	
×××	√	×	×
注：各项测试内容均合格即达标，在相应表格里画"√"或"×"			
测评员：		记录时间：　　　年　月　日	

四、二级测评操作视频

二级测评操作视频

第四章

网球课程学生运动能力三级测评

一、三级达标要求

三级测评使用绿色球及标准网球场地，具体测评要求如下。

4.2.3 三级达标要求

4.2.3.1 三级技能应符合表 5 的要求。

表 5 三级技能要求

测评内容		合格要求
单个技能	底线正手击球线路控制	≥6 个
	底线反手击球线路控制	≥6 个
	发平击球	≥7 个
组合技能	底线正反手击球—中场击球—截击球	≥6 个

4.2.3.2 三级比赛应符合表 6 的要求。

表 6 三级比赛要求

测评内容	观测点[b]	合格要求[c]	
10 分制三级比赛[a] 一局决胜负，先得 10 分者获胜。 双方比分相加为 6 分或 6 分的倍数时，双方交换场地，3 场比赛的场均分为最后得分	发球	能平击发球	场均分≥6 分
	底线技术	能通过调动对手得分	
	网前技术	能移动到网前截击	

[a] 比赛规则见《网球竞赛规则（2023）》。
[b] 3 个观测点均应达到合格要求。
[c] 2 名测评员均判定达到要求为合格。

4.2.3.3 三级应符合表 5 和表 6 的要求。

解 读

（一）单个技能

1 底线正手击球线路控制

受测者在底线中点准备，向惯用手一侧移动，使用正手技术击出 5 次直线球、5 次斜线球，每次击球后回到底线中点准备，完成 10 次击球即为测试结束，有效击球数量大于等于 6 个即达到合格要求。

底线正手击球线路控制的动作要领与一级"底线正手左右移动击球"的动作要领基本相同，区别是击球的线路。

2 底线反手击球线路控制

受测者在底线中点准备，向非惯用手一侧移动，使用反手技术击出 5 次直线球、5 次斜线球，每次击球后回到底线中点准备，完成 10 次击球即为测试结束，有效击球数量大于等于 6 个即达到合格要求。

底线反手击球线路控制的动作要领与一级"底线反手左右移动击球"的动作要领基本相同，区别是击球的线路。

3 发平击球

受测者使用发平击球技术分别向左右发球区交替发球，共发球 10 次，有效击球数量大于等于 7 个即达到合格要求。

发平击球的动作要领与二级"上手发球"的动作要领基本相同，区别是发平击球技术要准确击打球的正后方，且球在飞行过程中没有旋转。

（二）组合技能——底线正反手击球—中场击球—截击球

受测者在底线中点准备，由底线向网前移动击球，击球顺序依次为：底线正手击球、底线反手击球、中场击落地球（正反手随机）、截击球（先正手截击 1 次，再

①正手截击

②反手截击

图 4-1　截击

反手截击 1 次）。每组击出 5 颗球，进行 2 组，共击出 10 颗球。有效击球数量大于等于 6 个即达到合格要求。截击动作示意见图 4-1。

（三）三级 10 分制比赛

三级 10 分制比赛与一级 10 分制比赛基本相同，区别是三级比赛使用绿色球，分男生组、女生组，观测点要求相同。

观测点解读：

1. 发球：掌握发平击球技术要领，能使用发平击球技术将球发到发球区内。

2. 底线技术：在保障成功率的基础上，能通过调动对手得分。

3. 网前技术：当受测者击球质量较高或对手打出一板靠近球网的球，受测者能够抓住机会上网截击。受测者具备一定程度的底线与网前的战术意识。

二、三级测评方法

（一）单个技能——底线正手击球线路控制

5.3.2 单个技能——底线正手击球线路控制

5.3.2.1 测评员工作

测评工作应由 2 名测评员完成，其测评工作包括但不限于：

a) 测评员站位如图 9 所示；

b) 1 名测评员在球网侧面位置，负责记录受测者有效击球数量；

c) 1 名测评员在底线中点外 0.5 m 位置，负责持拍送球至受测者正手位，每次送球时间间隔 3 s±0.5 s。

5.3.2.2 测试步骤

受测者测试步骤如下：

a) 站在底线中点准备，听到测试指令后，开始测试；

b) 使用正手技术首先击出 5 次直线球，然后击出 5 次斜线球，如图 9 所示（以右手为惯用手为例）；

c) 每次击球后回到底线中点准备，完成 10 次击球即为测试结束。

每名受测者 1 次测试机会。

单位为米

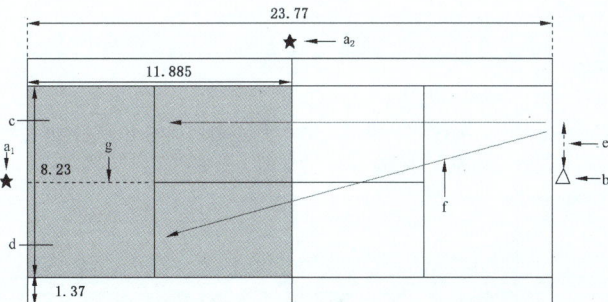

标引序号说明：

a₁、a₂ ——测评员位置； e ——移动方向；

b ——受测者位置； f ——击球线路；

c ——直线有效区域； g ——左右半区分割线。

d ——斜线有效区域；

图 9　底线正手击球线路控制测试示意图

解 读

① 测评员工作

测评工作共由 2 名测评员完成，2 名测评员的站位如图 9 中 a₁、a₂ 所示。测评员工作与一级"底线正手左右移动击球"的测评员工作相同。

2 受测者注意事项

受测者使用正手技术首先击出 5 次直线球，然后击出 5 次斜线球。每次击球后返回底线中点准备，准备进行下一次移动击球，如图 9 所示。以网球场中线为界将场地分为直线区、斜线区，球落地压到中线为好球。每位受测者 1 次测试机会，完成 10 次击球后测试结束。

（二）单个技能——底线反手击球线路控制

5.3.3 单个技能——底线反手击球线路控制

5.3.3.1 测评员工作

测评工作应由 2 名测评员完成，其测评工作包括但不限于：

a) 测评员站位如图 10 所示；

b) 1 名测评员在球网侧面位置，负责记录受测者有效击球数量；

c) 1 名测评员在底线中点外 0.5 m 位置，负责持拍送球至受测者反手位，每次送球时间间隔 3 s± 0.5 s。

5.3.3.2 测试步骤

受测者测试步骤如下：

a) 站在底线中点准备，听到测试指令后，开始测试；

b) 使用反手技术首先击出 5 次直线球，然后击出 5 次斜线球，如图 10 所示（以右手为惯用手为例）；

c) 每次击球后回到底线中点准备，完成 10 次击球即为测试结束。

每名受测者 1 次测试机会。

单位为米

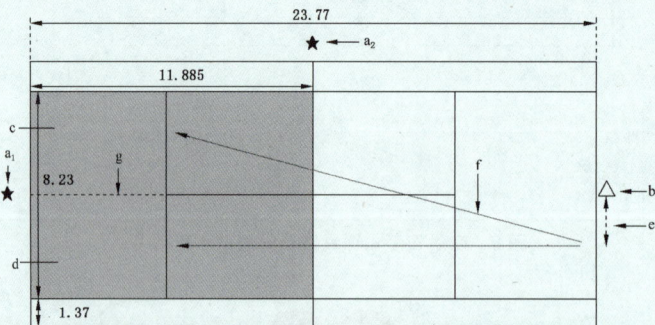

标引序号说明：

a₁、a₂——测评员位置；　　　　　　　　e——移动方向；

b——受测者位置；　　　　　　　　　　f——击球线路；

c——斜线有效区域；　　　　　　　　　g——左右半区分割线。

d——直线有效区域；

图 10　底线反手击球线路控制测试示意图

解 读

① 测评员工作

测评工作共由 2 名测评员完成，2 名测评员站位如图 10 中 a_1、a_2 所示。测评员工作与一级"底线反手左右移动击球"的测评员工作相同。

② 受测者注意事项

受测者使用反手技术首先击出 5 次直线球，然后击出 5 次斜线球，每次击球后返回底线中点，准备进行下一次移动击球，如图 10 所示。以网球场中线为界将场地分为直线区、斜线区，球落地压到中线为好球。每位受测者 1 次测试机会，完成 10 次击球后测试结束。

（三）单个技能——发平击球

5.3.4 单个技能——发平击球

5.3.4.1 测评员工作

测评工作应由 1 名测评员完成，站位如图 11 所示，负责记录受测者有效击球数量。

5.3.4.2 测试步骤

受测者测试步骤如下：

a) 站在底线中点准备，听到测试指令后，开始测试；

b) 使用发平击球技术分别向左右发球区各发 5 次球，交替进行，如图 11 所示；

c) 完成 10 次击球即为测试结束。

每名受测者 1 次测试机会。

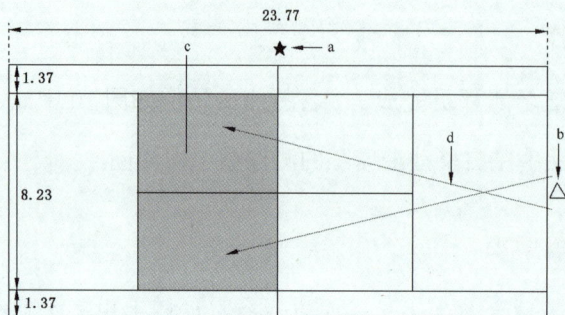

标引序号说明：

a——测评员位置；

b——受测者位置；

c——发球区；

d——击球线路。

图 11 发平击球测试示意图

解 读

1 测评员工作

测评工作共由 1 名测评员完成，测评员站位如图 11 中 a 所示。测评员工作与一级"下手发球"的测评员工作相同。

2 受测者注意事项

受测者使用平击发球技术分别向左右发球区各发 5 次球，首先站在底线后中线右侧向左发球区发球，然后站在底线后中线左侧向右发球区发球，交替进行，如图 11 所示。每位受测者 1 次测试机会，完成 10 次击球后即为测试结束。

（四）组合技能——底线正反手击球—中场击球—截击球

5.3.5 组合技能——底线正反手击球—中场击球—截击球

5.3.5.1 测评员工作

测评工作应由 2 名测评员完成,其测评工作包括但不限于:

a) 测评员站位如图 12 所示;

b) 1 名测评员在球网侧面位置,负责记录受测者有效击球数量;

c) 1 名测评员在底线中点外 0.5 m 位置,负责持拍送球至相应位置,每次送球时间间隔 3 s± 0.5 s。

5.3.5.2 测试步骤

受测者测试步骤如下:

a) 站在底线中点准备,听到测试指令后,开始测试;

b) 依次将来球击打至有效区域内,如图 12 所示(以右手为惯用手为例);

c) 击球顺序依次为:①底线正手击球,②底线反手击球,③中场击落地球(正反手随机),④截击球 (先正手截击 1 次,再反手截击 1 次),每组 5 颗球,进行两组,共 10 颗球。

每名受测者 1 次测试机会。

单位为米

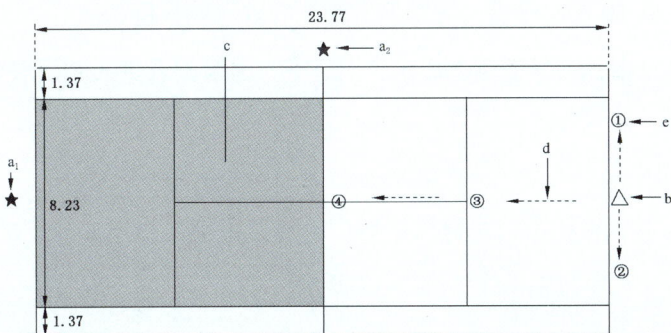

标引序号说明:

a₁、a₂ ——测评员位置;   d ——移动方向;

b ——受测者位置;   e ——击球顺序。

c ——有效区域;

图 12　底线正反手击球—中场击球—截击球测试示意图

解 读

1 测评员工作

测评工作共由 2 名测评员完成，2 名测评员的站位如图 12 中 a₁、a₂ 所示。其测评工作包括但不限于以下任务：

（1）1号测评员

①站在底线中点外0.5 m位置，负责持拍送球至相应位置，送球顺序依次为：底线正手击球、底线反手击球、中场击落地球（正反手随机）、截击球（正反手截击各1次）。每组送出5颗球，进行2组，共送出10颗球，每次送球的时间间隔为3 s±0.5 s；

②当受测者举手示意准备就绪后，根据测试要求给受测者送球，完成10次送球后即为测试结束，若有送球失误的情况需重新送球。

（2）2号测评员

①引导受测者至底线中心准备，向受测者讲解测试内容、击球线路、击球有效区域等测试要求；

②站在球网侧面位置场地外观察，记录受测者有效击球数量；

③受测者完成10次击球后，与受测者确认有效击球数量；

④宣布测试结束，引导受测者离场，引导下一名受测者进入测试场地。

❷ 受测者注意事项

（1）受测者依次将球击打至有效区域内，每次击球后返回底线中点，准备进行下一次击球，击球顺序与移动线路如图12所示。

（2）击球顺序依次为：底线正手击球、底线反手击球、中场击落地球（正反手随机）、截击球（正反手截击各1次）。每组击出5颗球，进行2组，共击出10颗球。

（3）每位受测者1次测试机会，完成10次击球后测试结束。受测者分别在底线、中场、网前位置击球，需要注意在步法移动快速、准确、衔接流畅的基础上完成击球，提升击球质量。

（五）三级 10 分制比赛

5.3.6　三级 10 分制比赛

5.3.6.1　测评员工作

测评工作应由 4 名测评员完成,其测评工作包括但不限于:
a)　1 名测评员负责比赛的抽签、分组、组织协调等工作,本级比赛分男生组、女生组;
b)　1 名测评员负责记录比分、计算场均分、比赛监督等工作;
c)　2 名测评员负责评价受测者的比赛表现,评定观测点的达标情况。

5.3.6.2　测试步骤

受测者测试步骤如下:
a)　进行 4 人单循环 10 分制比赛;
b)　每人测试 3 场,每场比赛先得 10 分者为胜。

解 读

三级 10 分制比赛的测评员工作和受测者测试步骤与二级 10 分制比赛相同。

三、三级测评工具

（一）三级技能测评成绩记录表

1.每名测评员独立对每名受测者比赛情况进行评判并记录。

2.可使用如表 4-1 的成绩记录表。一张测试表可记录多名受测者的测试成绩。

3.受测者各项技能测试成绩均达到合格要求即为合格。

表 4-1　三级技能测评成绩记录表

姓名	单个技能 1	单个技能 2	单个技能 3	组合技能	合格情况
	底线正手击球线路控制（≥6 个）	底线正手击球线路控制（≥6 个）	发平击球（≥7 个）	底线正反手击球—中场击球—截击球（≥6 个）	
×××	5	6	7	8	×
注：填写受测者的有效击球数量并在合格情况一列画"√"或"×"					
测评员：			记录时间：　　年　月　日		

（二）三级比赛测评成绩记录表

1. 比赛应按照《网球竞赛规则（2023）》的具体要求开展，场均分大于等于6分为合格。

2. 每名测评员均判定受测者观测点合格，并且场均分大于等于6分即为合格。可使用如表4-2的测评成绩记录表进行记录。

表4-2　三级比赛测评成绩记录表

姓名	场次	比赛对手	观测点			比赛得分	场均分	合格情况
			发球	底线技术	网前技术			
			达标要求：能平击发球	达标要求：能通过调动对手得分	达标要求：能移动到网前截击			
a	1	b	√	√	√	8	8	√
	2	c	√	√	√	8		
	3	d	√	√	√	8		
b	1	a						
	2	c						
	3	d						
c	1	a						
	2	b						
	3	d						
d	1	a						
	2	b						
	3	c						

注：填写比分，根据受测者实际表现在相应表格里画"√"或"×"

测评员：　　　　　　　　　　记录时间：　　　年　月　日

（三）三级测评达标记录表

1. 测评员可使用如表4-3的达标记录表，记录每名受测者技能测评和比赛测评的合格情况；

2. 技能测评和比赛测评均合格为达标。

表 4-3　三级测评达标记录表

姓名	各测试内容合格情况		达标情况
	技能测评合格情况	比赛测评合格情况	
×××	×	√	×
注：各项测试内容均合格即达标，在相应表格里画"√"或"×"			
测评员：	记录时间：　　　年　　月　　日		

四、三级测评操作视频

三级测评操作视频

第五章

网球课程学生运动能力四级测评

一、四级达标要求

四级测评使用标准网球及标准网球场，具体测评要求如下。

4.2.4 四级达标要求

4.2.4.1 四级技能应符合表 7 的要求。

表 7 四级技能要求

测评内容		合格要求
单个技能	底线正手击球线路控制	≥6 个
	底线反手击球线路控制	≥6 个
	发侧旋球	≥7 个
组合技能	底线正反手击球—中场击球—截击球	≥7 个

4.2.4.2 四级比赛应符合表 8 的要求。

表 8 四级比赛要求

测评内容	观测点[b]	合格要求[c]	
10 分制四级比赛[a] 一局决胜负，先得 10 分者获胜。 双方比分相加为 6 分或 6 分的倍数时，双方交换场地，3 场比赛的场均分为最后得分	发球	能使用平击发球或侧旋发球两种发球技术	场均分≥6 分
	底线技术	能使用正手得分，反手具有相持能力	
	网前技术	能运用截击等中前场技术作为攻击手段	

[a] 比赛规则见《网球竞赛规则（2023）》。

[b] 3 个观测点均应达到合格要求。

[c] 2 名测评员均判定达到要求为合格。

4.2.4.3 四级应符合表 7 和表 8 的要求。

解读

（一）单个技能

1 底线正手击球线路控制

受测者在底线中点准备，向惯用手一侧移动，使用正手技术击出 5 次直线球、5 次斜线球，每次击球后回到底线中点准备，完成 10 次击球即为测试结束，有效击球数量大于等于 6 个即达到合格要求。

相较三级的"底线正手击球线路控制"的技术要求，四级技能测评场地的直线球、斜线球有效区域缩小，对于受测者击球精准度的要求更高。

2 底线反手击球线路控制

受测者在底线中点准备，向非惯用手一侧移动，使用反手技术击出 5 次直线球、5 次斜线球，每次击球后回到底线中点准备，完成 10 次击球即为测试结束，有效击球数量大于等于 6 个即达到合格要求。

相较三级的"底线正手击球线路控制"的技术要求，四级技能测评场地的直线球、斜线球有效区域缩小，对于受测者击球精准度的要求更高。

3 发侧旋球

受测者使用发侧旋球技术分别向左右发球区交替发球，共发 10 次球，有效击球数量大于等于 7 个即达到合格要求。

发侧旋球的动作要领与二级"上手发球"的动作要领基本相同，区别是发侧旋球要准确击打球的侧后方并充分调动身体重心，球拍随球飞出的方向挥出，使球在飞行过程中侧向旋转。

（二）组合技能——底线正反手击球—中场击球—截击球

受测者在底线中点准备，由底线向网前移动击球，击球顺序依次为：底线正手击球、底线反手击球、中场击落地球（正反手随机）、截击球（先正手截击 1 次，再反手截击 1 次），每组击出 5 颗球，进行两组，共击出 10 颗球。有效击球数量大于等于 7 个即达到合格要求。

（三）四级 10 分制比赛

四级 10 分制比赛与一级 10 分制比赛基本相同，区别是四级比赛使用标准球，分男生组、女生组，观测点要求不同。

观测点解读：

1. 发球：能使用平击发球或侧旋发球两种发球技术。

2. 底线技术：能使用正手得分，反手具有相持能力。

3. 网前技术：受测者击球质量较高能运用截击等中前场技术作为攻击手段。对手打出靠近球网的球时，受测者能抓住机会移动至网前截击。可考查受测者底线与网前的战术意识。

二、四级测评方法

（一）单个技能——底线正手击球线路控制

5.4.2　单个技能——底线正手击球线路控制

5.4.2.1　测评员工作

测评工作应由 2 名测评员完成，其测评工作包括但不限于：

a)　测评员站位如图 13 所示；

b)　1 名测评员在球网侧面位置，负责记录受测者有效击球数量；

c)　1 名测评员在底线中点外 0.5 m 位置，负责持拍送球至受测者正手位，每次送球时间间隔 3 s±0.5 s。

5.4.2.2　测试步骤

受测者测试步骤如下：

a)　站在底线中点准备，听到测试指令后，开始测试；

b)　使用正手技术首先击出 5 次直线球，然后击出 5 次斜线球，如图 13 所示（以右手为惯用手为例）；

c)　每次击球后回到底线中点准备，完成 10 次击球即为测试结束。

每名受测者 1 次测试机会。

单位为米

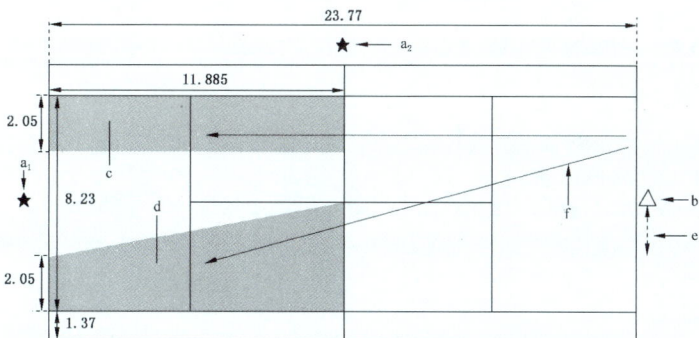

标引序号说明：

a₁、a₂——测评员位置；   d ——斜线有效区域；

b ——受测者位置；   e ——移动方向；

c ——直线有效区域；   f ——击球线路。

图 13　底线正手击球线路控制测试示意图

解 读

① 测评员工作

测评工作共由 2 名测评员完成，2 名测评员的站位如图 13 中 a₁、a₂ 所示。测评员工作与一级"底线正手左右移动击球"的测评员工作相同。

② 受测者注意事项

（1）使用正手技术首先击出 5 次直线球，然后击出 5 次斜线球，每次击球后返回底线中点准备，准备进行下一次移动击球，球落地压线为好球，如图 13 所示。

（2）每位受测者 1 次测试机会，完成 10 次击球后测试结束。

（二）单个技能——底线反手击球线路控制

5.4.3 单个技能——底线反手击球线路控制

5.4.3.1 测评员工作

测评工作应由 2 名测评员完成,其测评工作包括但不限于:

a) 测评员站位如图 14 所示;

b) 1 名测评员在球网侧面位置,负责记录受测者有效击球数量;

c) 1 名测评员在底线中点外 0.5 m 位置,负责持拍送球至受测者反手位,每次送球时间间隔 3 s±0.5 s。

5.4.3.2 测试步骤

受测者测试步骤如下:

a) 站在底线中点准备,听到测试指令后,开始测试;

b) 使用反手技术首先击出 5 次直线球,然后击出 5 次斜线球,如图 14 所示(以右手为惯用手为例);

c) 每次击球后回到底线中点准备,完成 10 次击球即为测试结束。

每名受测者 1 次测试机会。

单位为米

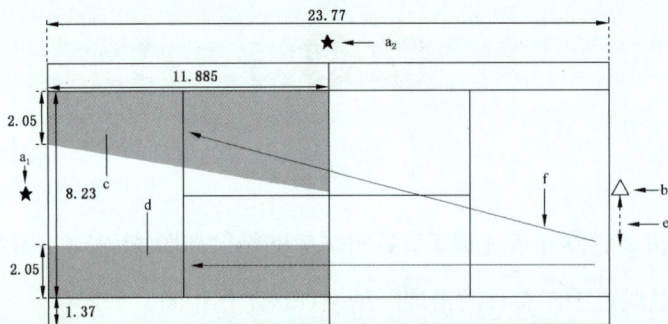

标引序号说明:

a₁、a₂——测评员位置;   d ——直线有效区域;

b ——受测者位置;   e ——移动方向;

c ——斜线有效区域;   f ——击球线路。

图 14 底线反手击球线路控制测试示意图

解 读

1 测评员工作

测评工作共由 2 名测评员完成,2 名测评员的站位如图 14 中 a₁、a₂所示。测评员工作与一级"底线反手左右移动击球"的测评员工作相同。

② 受测者注意事项

（1）受测者使用反手技术首先击出 5 次直线球，然后击出 5 次斜线球，每次击球后返回底线中点，准备进行下一次移动击球，球落地压线为好球，如图 14 所示。

（2）每位受测者 1 次测试机会，完成 10 次击球后测试结束。

（三）单个技能——发侧旋球

5.4.4 单个技能——发侧旋球

5.4.4.1 测评员工作

测评工作应由 1 名测评员完成，站位如图 15 所示，负责记录受测者有效击球数量。

5.4.4.2 测试步骤

受测者测试步骤如下：

a) 站在底线中点准备，听到测试指令后，开始测试；

b) 使用发侧旋球技术分别向左右发球区各发 5 次球，交替进行，如图 15 所示；

c) 完成 10 次击球即为测试结束。

每名受测者 1 次测试机会。

单位为米

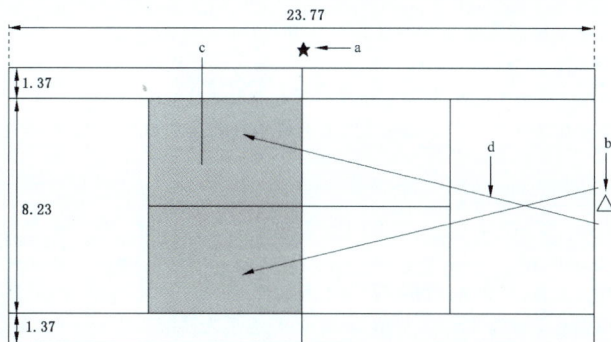

标引序号说明：

a——测评员位置；

b——受测者位置；

c——发球区；

d——击球线路。

图 15　发侧旋球测试示意图

解 读

① 测评员工作

测评工作由 1 名测评员完成，测评员站位如图 15 中 a 所示。测评员工作与一级"下手发球"的测评员工作相同。

② 受测者注意事项

受测者使用侧旋发球技术分别向左右发球区各发 5 次球，受测者首先站在底线后中线右侧向左发球区发球，然后站在底线后中线左侧向右发球区发球，交替进行，如图 15 所示。每位受测者 1 次测试机会，完成 10 次击球后即为测试结束。

（四）组合技能——底线正反手击球—中场击球—截击球

5.4.5 组合技能——底线正反手击球—中场击球—截击球

5.4.5.1 测评员工作

测评工作应由 2 名测评员完成，其测评工作包括但不限于：

a) 测评员站位如图 16 所示；

b) 1 名测评员在球网侧面位置，负责记录受测者有效击球数量；

c) 1 名测评员在底线中点外 0.5 m 位置，负责持拍送球至相应位置，每次送球时间间隔 3 s± 0.5 s。

5.4.5.2 测试步骤

受测者测试步骤如下：

a) 站在底线中点准备，听到测试指令后，开始测试；

b) 依次将来球击打至有效区域内，如图 16 所示(以右手为惯用手为例)；

c) 击球顺序依次为：①底线正手击球，②底线反手击球，③中场击球落地球(正反手随机)，④截击球(先正手截击 1 次，再反手截击 1 次)，每组 5 颗球，进行两组，共 10 颗球。

每名受测者 1 次测试机会。

单位为米

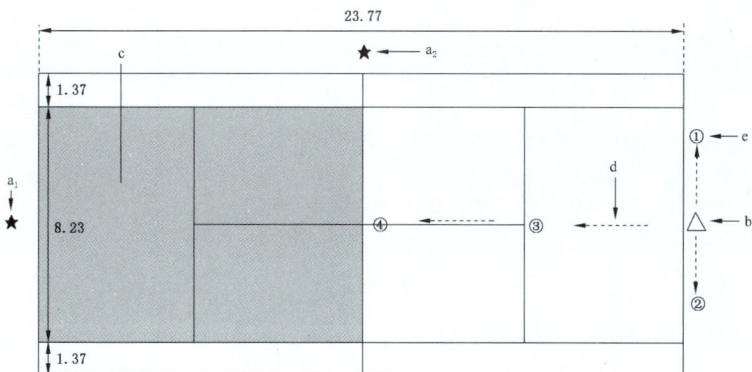

标引序号说明：

a_1、a_2——测评员位置；　　　　　　d　——移动方向；

b　——受测者位置；　　　　　　　　　e　——击球顺序。

c　——有效区域；

图 16　底线正反手击球—中场击球—截击球测试示意图

解 读

1　测评员工作

　　测评工作共由 2 名测评员完成，2 名测评员的站位如图 16 中 a_1、a_2 所示。测评员工作与三级组合技能的测评员工作相同。

2　受测者测试步骤

　　（1）受测者依次将球击打至有效区域内，每次击球后返回底线中点，准备进行下一次击球，击球顺序与移动线路如图 16 所示。

　　（2）击球顺序依次为：底线正手击球、底线反手击球、中场击落地球（正反手随机）、截击球（正反手截击各 1 次），每组击 5 颗球，进行 2 组，共击 10 颗球。受测者分别在底线、中场、网前位置击球，需要注意在移动步法快速、准确、衔接流畅的基础上完成击球，提升击球质量。

　　（3）每位受测者 1 次测试机会，完成 10 次击球后测试结束。

（五）四级 10 分制比赛

5.4.6　四级 10 分制比赛

5.4.6.1　测评员工作

测评工作应由 4 名测评员完成，其测评工作包括但不限于：

a)　1 名测评员负责比赛的抽签、分组、组织协调等工作，本级比赛分男生组、女生组；

b)　1 名测评员负责记录比分、计算场均分、比赛监督等工作；

c)　2 名测评员负责评价受测者的比赛表现，评定观测点的达标情况。

5.4.6.2　测试步骤

受测者测试步骤如下：

a)　进行 4 人单循环 10 分制比赛；

b)　每人测试 3 场，每场比赛先得 10 分者为胜。

解　读

四级 10 分制比赛的测评员工作和受测者测试步骤与二级 10 分制比赛相同。

三、四级测评工具

（一）四级技能测评成绩记录表

1. 每名测评员可使用如表 5-1 的成绩记录表，独立对每名受测者比赛情况进行评判并记录。

2. 一张测试表可记录多名受测者的测试成绩。

3. 受测者各项技能的测试成绩均达到合格要求即为合格。

表 5-1　四级技能测评成绩记录表

姓名	单个技能 1	单个技能 2	单个技能 3	组合技能	合格情况
	底线正手击球线路控制（≥6 个）	底线正手击球线路控制（≥6 个）	发侧旋球（≥7 个）	底线正反手击球—中场击球—截击球（≥7 个）	
×××	8	6	7	7	√
注：填写受测者有效击球数量并在合格情况一列画"√"或"×"					
测评员：			记录时间：　　　年　　月　　日		

（二）四级比赛测评成绩记录表

1. 比赛应按照《网球竞赛规则（2023）》的规定开展，场均分大于等于6分为合格。

2. 每名测评员均判定受测者观测点合格并且场均分大于等于6分即为合格。可使用如表5-2的成绩记录表进行记录。

表5-2　四级比赛测评成绩记录表

姓名	场次	比赛对手	观测点			比赛得分	场均分	合格情况
			发球	底线技术	网前技术			
			达标要求：能使用平击发球或侧旋发球两种发球技术	达标要求：能使用正手得分，反手具有相持能力	达标要求：能运用截击等中前场技术作为攻击手段			
a	1	b	√	√	√	7	7	√
	2	c	√	√	√	7		
	3	d	√	√	√	7		
b	1	a						
	2	c						
	3	d						
c	1	a						
	2	b						
	3	d						
d	1	a						
	2	b						
	3	c						
注：填写比分，根据受测者实际表现在相应表格里画"√"或"×"								
测评员：			记录时间：　　　年　　月　　日					

（三）四级测评达标记录表

1. 测评员可使用如表5-3的达标记录表，记录每名受测者技能测评和比赛测评的合格情况；

2. 技能测评和比赛测评均合格为达标。

表 5-3　四级测评达标记录表

姓名	各测试内容合格情况		达标情况
	技能测评合格情况	比赛测评合格情况	
×××	√	√	√
注：各项测试内容均合格即达标，在相应表格里画"√"或"×"			
测评员：	记录时间：　　　年　　月　　日		

四、四级测评操作视频

四级测评操作视频

第六章

网球课程学生运动能力五级测评

一、五级达标要求

五级测评使用标准网球及标准网球场，具体测评要求如下。

4.2.5 五级达标要求

4.2.5.1 五级技能应符合表 9 的要求。

表 9　五级技能要求

测评内容		合格要求
单个技能	底线正手击球线路与速度控制	≥6 个
	底线反手击球线路与速度控制	≥6 个
	发上旋球	≥8 个
组合技能	底线正反手击球—中场击球—截击球深度控制	≥7 个

4.2.5.2 五级比赛应符合表 10 的要求。

表 10　五级比赛要求

测评内容	观测点[b]	合格要求[c]	
10 分制五级比赛[a] 一局决胜负，先得 10 分者获胜。 双方比分相加为 6 分或 6 分的倍数时，双方交换场地，3 场比赛的场均分为最后得分	发球	能使用不同旋转发球技术	场均分≥6 分
	底线技术	正手能控制落点和速度，能作为比赛中的得分手段，反手能控制击球线路	
	网前技术	能运用截击等中前场技术作为攻击手段	

> [a] 比赛规则见《网球竞赛规则（2023）》。
> [b] 3 个观测点均应达到合格要求。
> [c] 2 名测评员均判定达到要求为合格。

4.2.5.3 五级应符合表 9 和表 10 的要求。

解读

（一）单个技能

① 底线正手击球线路与速度控制

受测者在底线中点准备，向惯用手一侧移动，使用正手技术击出 5 次直线球、5 次斜线球，第一落点在直线或斜线有效区域，同时第二落点在第二落点有效区域才被判定为有效击球，完成 10 次击球即为测试结束。有效击球数量大于等于 6 个即达到合格要求。

五级技能在四级技能"线路"控制的基础上，增加了对击出球第二落点的评价，需要击出的球即有角度又有深度，所以受测者需要控制随挥距离和击球速度。

② 底线反手击球线路与速度控制

受测者在底线中点准备，向非惯用手一侧移动，使用反手技术击出 5 次直线球、5 次斜线球，第一落点在直线或斜线有效区域，同时第二落点在第二落点有效区域才被判定为有效击球，完成 10 次击球即为测试结束，有效击球数量大于等于 6 个即达到合格要求。

五级技能在四级技能"线路"控制的基础上，增加了对击出球第二落点的评价，需要击出的球既有角度又有深度，所以受测者需要控制随挥距离和击球速度。

③ 发上旋球

受测者使用发侧旋球技术分别向左右发球区交替发球，共发 10 次球，有效击球数量大于等于 8 个即达到合格要求。

发上旋球的动作要领与二级"上手发球"的动作要领基本相同，区别是发上旋球时，球拍从球的后下方向前上方与球充分接触，使球在飞行过程中呈现向前翻滚式的旋转。

（二）组合技能——底线正反手击球—中场击球—截击球深度控制

受测者在底线中点准备，由底线向网前移动击球，步法衔接更加熟练，能够控制击球的力度使战术组合更具有进攻性。击球顺序依次为：底线正手击球、底线反手击球、中场击落地球（正反手随机）、截击球（先正手截击 1 次，再反手截击 1 次），每组击出 5 颗球，进行 2 组，共击出 10 颗球。有效击球数量大于等于 7 个即达到合格要求。五级组合技能与四级相比，有效区域更小、更远，要求受测者击出更深的球。

（三）五级 10 分制比赛

五级 10 分制比赛与四级 10 分制比赛基本相同，区别是观测点要求不同。

观测点解读：

发球：受测者已经掌握平击、侧旋、上旋三种发球技术，且具有一定的熟练程度。比赛中能尽量采用不同的发球技术，以保障发球的成功率。

底线技术：受测者在掌握线路的基础上，落点更加精准，击球更具有速度、进攻性，正手能作为比赛的得分手段，反手能控制击球线路。

网前技术：受测者具备中前场技术能力，比赛中能运用截击等中前场技术作为攻击手段。

二、五级测评方法

（一）单个技能——底线正手击球线路与速度控制

5.5.2　单个技能——底线正手击球线路与速度控制

5.5.2.1　测评员工作

测评工作应由 2 名测评员完成，其测评工作包括但不限于：

a)　测评员站位如图 17 所示；

b)　1 名测评员在球网侧面位置，负责记录受测者有效击球数量；

c)　1 名测评员在底线中点外 0.5 m 位置，负责持拍送球至受测者正手位，每次送球时间间隔 3 s±0.5 s。

5.5.2.2　测试步骤

受测者测试步骤如下：

a)　站在底线中点准备，听到测试指令后，开始测试；

b) 使用正手技术首先击出 5 次直线球,然后击出 5 次斜线球,第一落点在直线或斜线有效区域,同时第二落点在第二落点有效区域才被判定为有效击球,如图 17 所示(以右手为惯用手为例);

c) 每次击球后回到底线中点准备,完成 10 次击球即为测试结束。

每名受测者 1 次测试机会。

单位为米

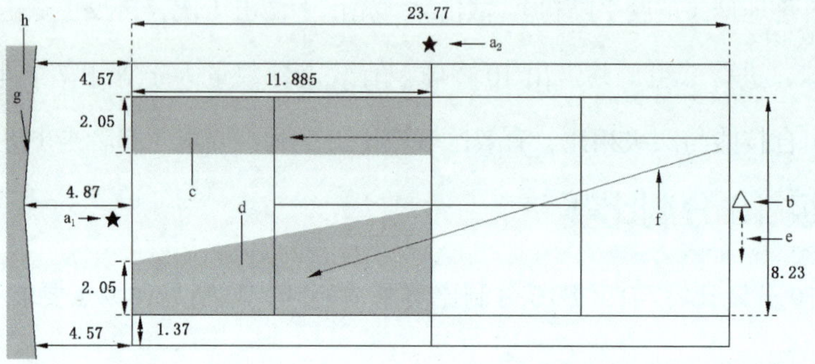

标引序号说明:

a_1、a_2——测评员位置;   e ——移动方向;

b ——受测者位置;   f ——击球线路;

c ——直线有效区域;   g ——第二落点有效区域分界线;

d ——斜线有效区域;   h ——第二落点有效区域。

图 17 底线正手击球线路与速度控制测试示意图

解读

① 测评员工作

测评工作共由 2 名测评员完成,2 名测评员的站位如图 17 中 a_1、a_2 所示。测评员工作与一级"底线正手左右移动击球"的测评员工作相同。

② 受测者注意事项

(1)本测试测评受测者击球的线路控制和速度控制,即击球第一次落地位置的准确性和击球第二次落地的远度。

(2)使用正手技术首先击出 5 次直线球,然后击出 5 次斜线球,每次击球后返回底线中点,准备进行下一次击球,第一落点在直线或斜线有效区域,同时第二落点在第二落点有效区域才被判定为有效击球,第二落点区域界线的中心位置距离底线中点 4.87m、距离两侧双打线端点 4.57m。球落地压线为好球。如图 17 所示。

（3）每位受测者 1 次测试机会，完成 10 次击球后测试结束。

（二）单个技能——底线反手击球线路与速度控制

5.5.3　单个技能——底线反手击球线路与速度控制

5.5.3.1　测评员工作

测评工作应由 2 名测评员完成，其测评工作包括但不限于：

a)　测评员站位如图 18 所示；

b)　1 名测评员在球网侧面位置，负责记录受测者有效击球数量；

c)　1 名测评员在底线中点外 0.5 m 位置，负责持拍送球至受测者反手位，每次送球时间间隔 3 s±0.5 s。

5.5.3.2　测试步骤

受测者测试步骤如下：

a)　站在底线中点准备，听到测试指令后，开始测试；

b)　使用反手技术首先击出 5 次直线球，然后击出 5 次斜线球，第一落点在直线或斜线有效区域，同时第二落点在第二落点有效区域才被判定为有效击球，如图 18 所示（以右手为惯用手为例）；

c)　每次击球后回到底线中点准备，完成 10 次击球即为测试结束。

每名受测者 1 次测试机会。

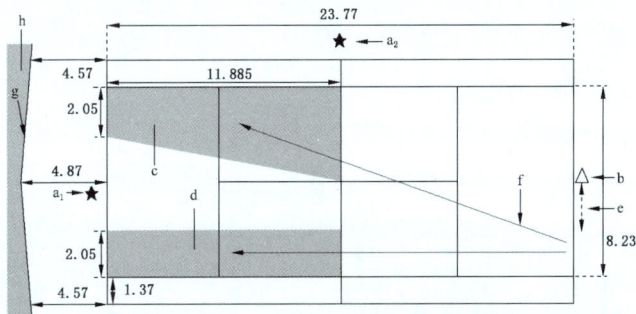

标引序号说明：

a₁、a₂——测评员位置；　　　　　　　　　　　e　——移动方向；

b　——受测者位置；　　　　　　　　　　　　f　——击球线路；

c　——斜线有效区域；　　　　　　　　　　　g　——第二落点有效区域分界线；

d　——直线有效区域；　　　　　　　　　　　h　——第二落点有效区域。

图 18　底线反手击球线路与速度控制测试示意图

解 读

① 测评员工作

测评工作共由 2 名测评员完成，2 名测评员的站位如图 18 中 a₁、a₂ 所示。测评员工作与一级"底线反手左右移动击球"的测评员工作相同。

② 受测者注意事项

使用反手技术首先击出 5 次直线球，然后击出 5 次斜线球，每次击球后返回底线中点，准备进行下一次击球。击出的球第一落点在直线或斜线有效区域，同时第二落点在第二落点有效区域才被判定为有效击球，球落地压线为好球，如图 18 所示。每位受测者 1 次测试机会，完成 10 次击球后测试结束。

（三）单个技能——发上旋球

5.5.4 单个技能——发上旋球

5.5.4.1 测评员工作

测评工作应由 1 名测评员完成,站位如图 19 所示,负责记录受测者有效击球数量。

5.5.4.2 测试步骤

受测者测试步骤如下:
a) 站在底线中点准备,听到测试指令后,开始测试;
b) 使用发上旋球技术分别向左右发球区各发 5 次球,交替进行,如图 19 所示;
c) 完成 10 次击球即为测试结束。
每名受测者 1 次测试机会。

单位为米

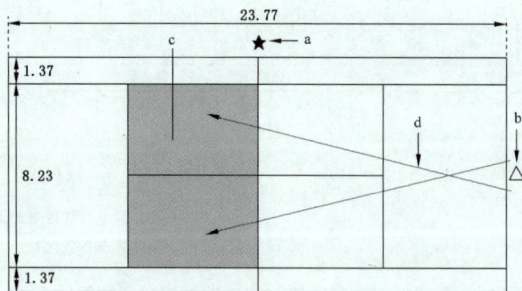

标引序号说明:
a——测评员位置;
b——受测者位置;
c——发球区;
d——击球线路。

图 19　发上旋球测试示意图

解 读

① 测评员工作

测评工作由 1 名测评员完成，站位如图 19 中 a 所示。测评员工作与一级"下手发球"的测评员工作相同。

② 受测者注意事项

受测者使用平击发球技术分别向左右发球区各发 5 次球，受测者首先站在底线后中线右侧向左发球区发球，然后站在底线后中线左侧向右发球区发球，交替进行，如图 19 所示。每位受测者 1 次测试机会，完成 10 次击球后即为测试结束。

（四）组合技能——底线正反手击球—中场击球—截击球深度控制

5.5.5 组合技能——底线正反手击球—中场击球—截击球深度控制

5.5.5.1 测评员工作

测评工作应由 2 名测评员完成，其测评工作包括但不限于：

a) 测评员站位如图 20 所示；

b) 1 名测评员在球网侧面位置，负责记录受测者有效击球数量；

c) 1 名测评员在底线中点外 0.5 m 位置，负责持拍送球至相应位置，每次送球时间间隔 3 s±0.5 s。

5.5.5.2 测试步骤

受测者测试步骤如下：

a) 站在底线中点准备，听到测试指令后，开始测试；

b) 依次将来球击打至有效区域内，如图 20 所示（以右手为惯用手为例）；

c) 击球顺序依次为：①底线正手击球，②底线反手击球，③中场击球落地球（正反手随机），④截击球（先正手截击 1 次，再反手截击 1 次），每组 5 颗球，进行两组，共 10 颗球。

每名受测者 1 次测试机会。

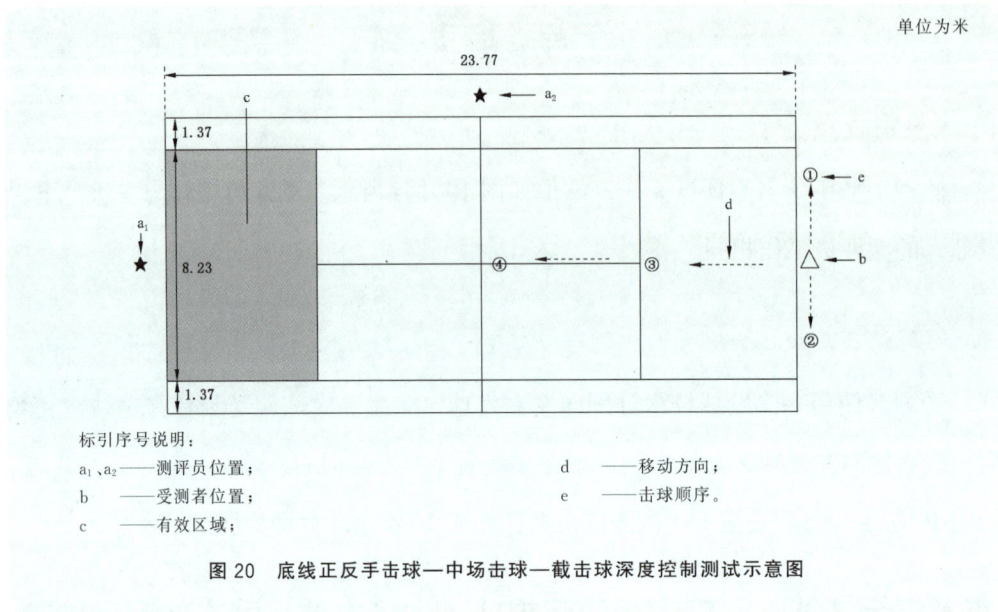

标引序号说明：

a₁、a₂——测评员位置；　　　　　　　　　d ——移动方向；

b ——受测者位置；　　　　　　　　　　　e ——击球顺序。

c ——有效区域；

图20　底线正反手击球—中场击球—截击球深度控制测试示意图

解 读

① 测评员工作

测评工作共由 2 名测评员完成，2 名测评员的站位如图 20 中 a₁、a₂ 所示。测评员工作与三级组合技能的测评员工作相同。

② 受测者注意事项

（1）受测者依次将球击打至有效区域内，每次击球后返回底线中点，准备进行下一次击球，击球顺序与移动线路如图 20 所示。

（2）击球顺序依次为：底线正手击球、底线反手击球、中场击落地球（正反手随机）、截击球（正反手截击各 1 次），每组击出 5 颗球，进行两组，共击出 10 颗球。受测者分别在底线、中场、网前位置击球，需要注意在移动步法快速、准确、衔接流畅的基础上完成击球，提升击球质量。

（3）每位受测者 1 次测试机会，完成 10 次击球后测试结束。

（五）五级 10 分制比赛

5.5.6　五级 10 分制比赛

5.5.6.1　测评员工作

测评工作应由 4 名测评员完成,其测评工作包括但不限于:

a)　1 名测评员负责比赛的抽签、分组、组织协调等工作,本级比赛分男生组、女生组;

b)　1 名测评员负责记录比分、计算场均分、比赛监督等工作;

c)　2 名测评员负责评价受测者的比赛表现,评定观测点的达标情况。

5.5.6.2　测试步骤

受测者测试步骤如下:

a)　进行 4 人单循环 10 分制比赛;

b)　每人测试 3 场,每场比赛先得 10 分者为胜。

解 读

五级 10 分制比赛的测评员工作和受测者测试步骤与二级 10 分制比赛相同。

三、五级测评工具

（一）五级技能测评成绩记录表

1. 每名测评员可使用如表 6-1 的成绩记录表,独立对每名受测者比赛情况进行评判并记录。

2. 一张测试表可记录多名受测者的测试成绩。

3. 受测者各项技能的测试成绩均达到合格要求即为合格。

表 6-1　五级技能测评成绩记录表

姓名	单个技能 1	单个技能 2	单个技能 3	组合技能	合格情况
	底线正手击球线路与速度控制（≥6 个）	底线反手击球线路与速度控制（≥6 个）	发上旋球（≥8 个）	底线正反手击球—中场击球—截击球深度控制（≥7 个）	
×××	6	5	8	8	×
注:填写受测者有效击球数量并在合格情况一列画"√"或"×"					
测评员:		记录时间:　　年　　月　　日			

（二）五级比赛测评成绩记录表

1. 比赛应按照《网球竞赛规则（2023）》的规定开展，场均分大于等于6分为合格。

2. 测评员均判定受测者各观测点合格，并且场均分大于等于6分即为合格。可使用如表6-2的成绩记录表进行记录。

表6-2　五级比赛测评成绩记录表

姓名	场次	比赛对手	观测点			比赛得分	场均分	合格情况
			发球	底线技术	网前技术			
			达标要求：能使用不同旋转发球技术	达标要求：正手能控制落点和速度，能作为比赛中的得分手段，反手能控制击球线路	达标要求：能运用截击等中前场技术作为攻击手段			
a	1	b	√	√	√	7		
	2	c	√	√	√	7	7	√
	3	d	√	√	√	7		
b	1	a						
	2	c						
	3	d						
c	1	a						
	2	b						
	3	d						
d	1	a						
	2	b						
	3	c						

注：填写比分，根据受测者实际表现在相应表格里画"√"或"×"

测评员：　　　　　　　　　　记录时间：　　　年　月　日

（三）五级测评达标记录表

1. 测评员可使用如表6-3的达标记录表，记录每名受测者技能测评和比赛测评的合格情况；

2. 技能测评和比赛测评均合格为达标。

表 6-3 五级测评达标记录表

姓名	各测试内容合格情况		达标情况
	技能测评合格情况	比赛测评合格情况	
××××	×	√	×
注：各项测试内容均合格即达标；在相应表格里画"√"或"×"			
测评员：	记录时间：　　　年　　月　　日		

四、五级测评操作视频

五级测评操作视频

第七章

网球课程学生运动能力六级测评

一、六级达标要求

六级测评使用标准网球及标准网球场，具体测评要求如下。

4.2.6 六级达标要求

4.2.6.1 六级技能应符合表 11 的要求。

表 11 六级技能要求

测评内容		合格要求
单个技能	底线正手击球精准度与速度控制	≥6 个
	底线反手击球精准度与速度控制	≥6 个
	发球角度与旋转控制	≥9 个
组合技能	底线正反手击球—中场击球—截击球—高压球深度与线路控制	≥7 个

4.2.6.2 六级比赛应符合表 12 的要求。

表 12 六级比赛要求

测评内容	观测点[b]	合格要求[c]	
10 分制六级比赛[a] 一局决胜负，先得 10 分者获胜。双方比分相加为 6 分或 6 分的倍数时，双方交换场地，3 场比赛的场均分为最后得分	发球	能使用不同旋转并加力发球	场均分≥6 分
	底线技术	正手能控制落点、速度、旋转，是比赛中的稳定得分手段，反手可以击出准确有速度的变线球	
	网前技术	能运用截击、高压球等中前场技术得分	

[a] 比赛规则见《网球竞赛规则（2023）》。
[b] 3 个观测点均应达到合格要求。
[c] 2 名测评员均判定达到要求为合格。

4.2.6.3 六级应符合表 11 和表 12 的要求。

解 读

（一）单个技能

❶ 底线正手击球精准度与速度控制

受测者在底线中点准备，向惯用手一侧移动，使用正手技术击出 5 次直线球、5 次斜线球。击出球的第一落点在直线或斜线有效区域，同时第二落点在第二落点有效区域才被判定为有效击球，完成 10 次击球即为测试结束。有效击球数量大于等于 6 个即达到合格要求。

六级能力测评在五级"线路与速度"控制的基础上，缩小了测评时第一落点有效区域的面积，同时对击球角度、深度要求更精准，对击球技术的准确性、稳定性要求更高，需要受测者能够掌握、熟练更精准的控制技术。

❷ 底线反手击球精准度与速度控制

受测者在底线中点准备，向非惯用手一侧移动，使用反手技术击出 5 次直线球、5 次斜线球，击出球第一落点在直线或斜线有效区域，同时第二落点在第二落点有效区域才被判定为有效击球，完成 10 次击球即为测试结束。有效击球数量大于等于 6 个即达到合格要求。

六级能力测评在五级"线路与速度"控制的基础上，缩小了测评时第一落点有效区域的面积，同时对击球角度、深度要求更精准，对击球技术的准确性、稳定性要求更高，需要受测者能够掌握、熟练更精准的控制技术。

❸ 发球角度与旋转控制

每个发球区都划分了左右两个区域，要求受测者熟练掌握不同角度、不同旋转和力度的发球能力，以便在比赛的发球局中掌握主动。受测者向左区外角和右区内角分别发 3 颗平击球，向左区内角和右区外角分别发 3 颗侧旋球。受测者共发 10 次球，击球压到内外角中间的线算有效击球，有效击球数量大于等于 9 个即达到合格要求。

（二）组合技能——底线正反手击球—中场击球—截击球—高压球深度与线路控制

受测者在底线中点准备，由底线向网前移动击球，要求能够控制击球的深度与左右线路，以中线为界依次将来球击打至对方后半场的左右区，击球顺序依次为：底线正手击球、底线反手击球、中场击落地球（正反手随机）、截击球和高压球。每组击出 5 颗球，进行 2 组，共击出 10 颗球。有效击球数量大于等于 7 个即达到合格要求。

（三）六级 10 分制比赛

六级 10 分制比赛与四级 10 分制比赛基本相同，区别是观测点要求不同。

观测点解读：

1. 发球：受测者熟练应用各种发球技术，能使用不同旋转并加大发球力度。

2. 底线技术：受测者正手能控制落点、速度、旋转，能使用以上技术在比赛中稳定得分，反手可以击出准确有速度的变线球。

3. 网前技术：受测者能运用截击、高压球等中前场技术得分，发出有效进攻。

二、六级测评方法

（一）单个技能——底线正手击球精准度与速度控制

5.6.2　单个技能——底线正手击球精准度与速度控制

5.6.2.1　测评员工作

测评工作应由 2 名测评员完成，其测评工作包括但不限于：

a）　测评员站位如图 21 所示；

b）　1 名测评员在球网侧面位置，负责记录受测者有效击球数量；

c）　1 名测评员在底线中点外 0.5 m 位置，负责持拍送球至受测者正手位，每次送球时间间隔 3 s±0.5 s。

5.6.2.2　测试步骤

受测者测试步骤如下：

a）　站在底线中点准备，听到测试指令后，开始测试；

b）　使用正手技术首先击出 5 次直线球，然后击出 5 次斜线球，第一落点在直线或斜线有效区域，同时第二落点在第二落点有效区域才被判定为有效击球，如图 21 所示（以右手为惯用手为例）；

单位为米

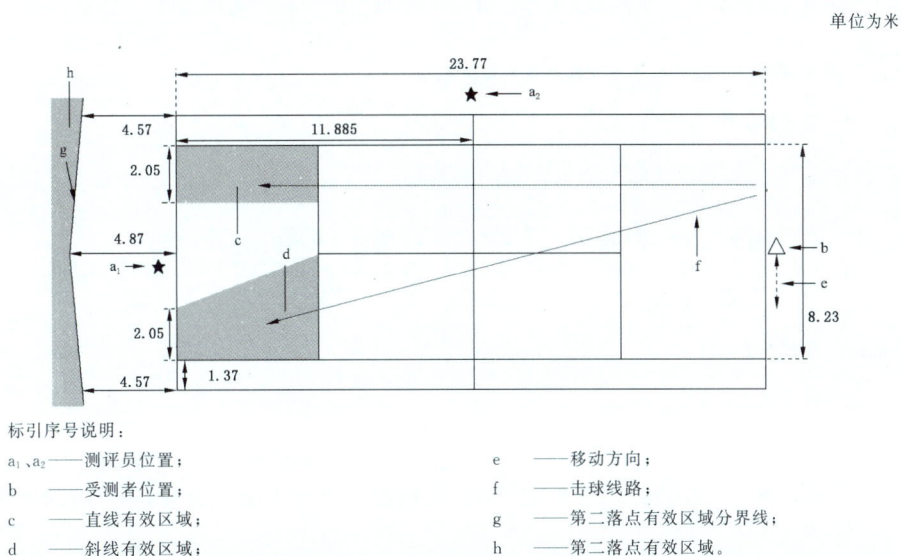

标引序号说明：

a₁、a₂——测评员位置；

b ——受测者位置；

c ——直线有效区域；

d ——斜线有效区域；

e ——移动方向；

f ——击球线路；

g ——第二落点有效区域分界线；

h ——第二落点有效区域。

图21 底线正手击球精准度与速度控制测试示意图

解 读

1 测评员工作

测评工作共由 2 名测评员完成，2 名测评员的站位如图 21 中 a₁、a₂ 所示。测评员工作与一级"底线正手左右移动击球"的测评员工作相同。

2 受测者注意事项

（1）与"五级测评的底线正手击球"相比，六级测评缩小了第一次落地区域的面积，增大了击球控制的难度。

（2）受测者使用正手技术首先击出 5 次直线球，然后击出 5 次斜线球，每次击球后返回底线中点，准备进行下一次击球。击出球第一落点在有效区域内，同时第二落点在第二落点有效区域分界线外侧才被判定为有效击球，球落地压线为好球。如图 21 所示。

（3）每位受测者 1 次测试机会，完成 10 次击球后测试结束。

（二）单个技能——底线反手击球精准度与速度控制

5.6.3 单个技能——底线反手击球精准度与速度控制

5.6.3.1 测评员工作

测评工作应由 2 名测评员完成,其测评工作包括但不限于:

a) 测评员站位如图 22 所示;

b) 1 名测评员在球网侧面位置,负责记录受测者有效击球数量;

c) 1 名测评员在底线中点外 0.5 m 位置,负责持拍送球至受测者反手位,每次送球时间间隔 3 s±0.5 s。

5.6.3.2 测试步骤

受测者测试步骤如下:

a) 站在底线中点准备,听到测试指令后,开始测试;

b) 使用反手技术首先击出 5 次直线球,然后击出 5 次斜线球,第一落点在直线或斜线有效区域,同时第二落点在第二落点有效区域才被判定为有效击球,如图 22 所示(以右手为惯用手为例);

c) 每次击球后回到底线中点准备,完成 10 次击球即为测试结束。

每名受测者 1 次测试机会。

单位为米

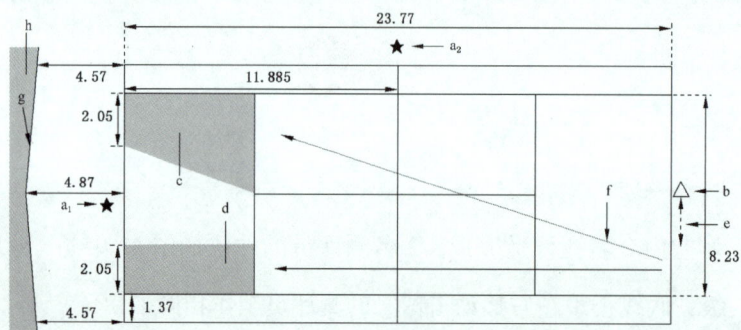

标引序号说明:

a₁、a₂——测评员位置;　　　　　　　　e——移动方向;

b——受测者位置;　　　　　　　　　　f——击球线路;

c——斜线有效区域;　　　　　　　　　g——第二落点有效区域分界线;

d——直线有效区域;　　　　　　　　　h——第二落点有效区域。

图 22　底线反手击球精准度与速度控制测试示意图

解读

1 测评员工作

测评工作共由 2 名测评员完成，2 名测评员的站位如图 22 中 a₁、a₂ 所示。测评员工作与一级"底线反手左右移动击球"的测评员工作相同。

2 受测者注意事项

（1）与"五级测评的底线反手击球"相比，六级测评缩小了第一次落地区域的面积，增大了击球控制的难度。

（2）受测者使用反手技术首先击出 5 次直线球，然后击出 5 次斜线球，每次击球后返回底线中点，准备进行下一次击球。击出球第一落点在有效区域内，同时第二落点在第二落点有效区域分界线外侧才被判定为有效击球，球落地压线为好球，如图 22 所示。

（3）每位受测者 1 次测试机会，完成 10 次击球后测试结束。

（三）单个技能——发球角度与旋转控制

5.6.4 单个技能——发球角度与旋转控制

5.6.4.1 测评员工作

测评工作应由 1 名测评员完成,站位如图 23 所示,负责记录受测者有效击球数量。

5.6.4.2 测试步骤

受测者测试步骤如下：

a) 站在底线中点准备,听到测试指令后,开始测试;

b) 受测者左区外角和右区内角分别发 3 颗平击球,左区内角和右区外角分别发 3 颗侧旋球,如图 23 所示;

c) 完成 12 次击球即为测试结束。

每名受测者 1 次测试机会。

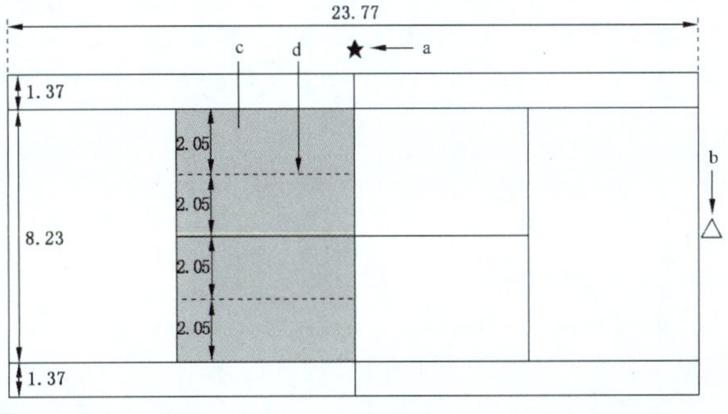

标引序号说明：

a——测评员位置；

b——受测者位置；

c——发球区；

d——内外角分割线。

图 23　发球角度与旋转控制测试示意图

解读

❶ 测评员工作

测评工作由 1 名测评员完成，站位如图 23 中 a 所示。测评员工作与一级"下手发球"的测评员工作基本相同，区别是受测者完成 12 次击球后，宣布测试结束。

❷ 受测者注意事项

（1）受测者使用平击球与侧旋球分别发内角、外角球。受测者测试顺序为：①站在底线后中线右侧向左区外角发 3 颗平击球；②站在底线后中线左侧向右区内角发 3 颗平击球；③站在底线后中线右侧向左区内角发 3 颗侧旋球；④站在底线后中线左侧向右区外角发 3 颗侧旋球。如图 23 所示。

（2）每位受测者 1 次测试机会，完成 12 次击球后即为测试结束。

（四）组合技能——底线正反手击球—中场击球—截击球—高压球深度与线路控制

5.6.5 组合技能——底线正反手击球—中场击球—截击球—高压球深度与线路控制

5.6.5.1 测评员工作

测评工作应由 2 名测评员完成，其测评工作包括但不限于：

a) 测评员站位如图 24 所示；

b) 1 名测评员在球网侧面位置，负责记录受测者有效击球数量；

c) 1 名测评员在底线中点外 0.5 m 位置，负责持拍送球至相应位置，每次送球时间间隔 3 s±0.5 s。

5.6.5.2 测试步骤

受测者测试步骤如下：

a) 站在底线中点准备，听到测试指令后，开始测试；

b) 将第一颗球击向有效区域左区，第二颗击向有效区域右区，随后将来球分别依次击打至有效区域左区、右区，如图 24 所示（以右手为惯用手为例）；

c) 击球顺序依次为：①底线正手击球，②底线反手击球，③中场击落地球，④截击球＋高压球，每组 5 颗球，进行两组，共 10 颗球。

每名受测者 1 次测试机会。

单位为米

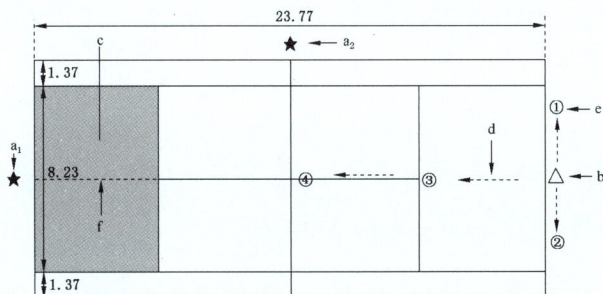

标引序号说明：

a₁、a₂——测评员位置；　　　　　　　　　　　　d ——移动方向；

b ——受测者位置；　　　　　　　　　　　　　e ——击球顺序；

c ——有效区域；　　　　　　　　　　　　　　f ——左右半区分割线。

图 24　底线正反手击球—中场击球—截击球—高压球深度与线路控制测试示意图

解 读

1 测评员工作

测评工作共由 2 名测评员完成，2 名测评员的站位如图 24 中 a₁、a₂ 所示，其测评工作包括但不限于以下任务：

（1）1 号测评员

①在底线中点外 0.5 m 位置，负责持拍送球至相应位置，送球顺序依次为：底线正手击球、底线反手击球、中场击落地球（正反手随机）、截击球（正反手截击各 1 次）高压球，每组送出 5 颗球，进行两组，共送出 10 颗球，每次送球的时间间隔为 3 s ± 0.5 s；

②当受测者举手示意准备就绪后，根据测试要求给受测者送球，完成 10 次送球后即为测试结束，若有送球失误的情况需重新送该球。

（2）2 号测评员

①引导受测者至底线中点准备，向受测者讲解测试内容、击球线路、击球有效区域等测试要求；

②站在球网侧面位置场地外观察，记录受测者有效击球数量；

③受测者完成 10 次击球后，与受测者确认有效击球数量；

④宣布测试结束，引导受测者离场，引导下一名受测者进入测试场地。

2 受测者注意事项

（1）受测者依次将球击打至有效区域内，每次击球后返回底线中点，准备进行下一次击球，击球顺序与移动线路如图 24 所示。

（2）击球顺序依次为：底线正手击球、底线反手击球、中场击落地球、截击球和高压球，每组击 5 颗球，进行 2 组，共击 10 颗球。受测者按顺序在底线、中场、网前位置击球后，再回到中场位置击球，需要注意移动时步法衔接的准确性、流畅性。

（3）每位受测者 1 次测试机会，完成 10 次击球后测试结束。

（五）六级 10 分制比赛

5.6.6 六级 10 分制比赛

5.6.6.1 测评员工作

测评工作应由 4 名测评员完成，其测评工作包括但不限于：

a) 1 名测评员负责比赛的抽签、分组、组织协调等工作，本级比赛分男生组、女生组；

b) 1 名测评员负责记录比分、计算场均分、比赛监督等工作；

c) 2 名测评员负责评价受测者的比赛表现，评定观测点的达标情况。

5.6.6.2 测试步骤

受测者测试步骤如下：

a) 进行 4 人单循环 10 分制比赛；

b) 每人测试 3 场，每场比赛先得 10 分者为胜。

解 读

六级 10 分制比赛的测评员工作和受测者测试步骤与二级 10 分制比赛相同。

三、六级测评工具

（一）六级技能测评成绩记录表

1.每名测评员可使用如表 7-1 的成绩记录表，独立对每名受测者的比赛情况进行评判并记录。

2. 一张测试表可记录多名受测者的测试成绩。

3. 受测者各项技能的测试成绩均达到合格要求即为合格。

表 7-1 六级技能测评成绩记录表

姓名	单个技能 1 底线正手击球精准度与速度控制（≥ 6 个）	单个技能 2 底线反手击球精准度与速度控制（≥ 6 个）	单个技能 3 发球角度与旋转控制（≥ 8 个）	组合技能 底线正反手击球—中场击球—截击球—高压球深度与线路控制（≥ 7 个）	合格情况
×××	6	7	9	7	√
注：填写受测者有效击球数量并在合格情况一列画"√"或"×"				
测评员：			记录时间：　　年　　月　　日		

（二）六级比赛测评成绩记录表

1. 比赛应按照《网球竞赛规则（2023）》的具体要求开展，场均分大于等于 6 分为合格。可使用如表 7-2 的成绩记录表记录成绩。

2. 每个测评员均判定受测者观测点合格即为合格。

表 7-2 六级比赛测评成绩记录表

| 姓名 | 场次 | 比赛对手 | 观测点 | | | 比赛得分 | 场均分 | 合格情况 |
| | | | 发球 | 底线技术 | 网前技术 | | | |
			达标要求：能使用不同旋转并加力发球	达标要求：正手能控制落点、速度、旋转，是比赛中的稳定得分手段，反手可以击出准确有速度的变线球	达标要求：能运用截击、高压球等中前场技术得分			
a	1	b	√	√	√	8	8	√
	2	c	√	√	√	8		
	3	d	√	√	√	8		
b	1	a						
	2	c						
	3	d						

续表

姓名	场次	比赛对手	观测点			比赛得分	场均分	合格情况
			发球	底线技术	网前技术			
			达标要求：能使用不同旋转并加力发球	达标要求：正手能控制落点、速度、旋转，是比赛中的稳定得分手段，反手可以击出准确有速度的变线球	达标要求：能运用截击、高压球等中前场技术得分			
c	1	a						
	2	b						
	3	d						
d	1	a						
	2	b						
	3	c						
注：填写比分，根据受测者实际表现在相应表格里画"√"或"×"								
测评员：			记录时间：　　年　　月　　日					

（三）六级测评达标记录表

1. 测评员可使用如表 7-3 的达标记录表，记录每名受测者技能测评和比赛测评的合格情况；

2. 技能测评和比赛测评均合格为达标。

表 7-3　六级测评达标记录表

姓名	各测试内容合格情况		达标情况
	技能测评合格情况	比赛测评合格情况	
×××	√	√	√
注：各项测试内容均合格即达标，在相应表格里画"√"或"×"			
测评员：		记录时间：　　年　　月　　日	

四、六级测评操作视频

六级测评操作视频